PLANO ESTRATÉGICO ("STRATEGIC") DESENHADO POR PESSOA
PARA PASSEAR COM OFÉLIA QUEIROZ. ESTÃO CALCULADOS OS PERCURSOS
DE ELÉTRICO MAIS LONGOS, PARA PASSAREM MAIS TEMPO JUNTOS.
FIGURAM AS PARAGENS DE "POÇO NOVO", "ESTRELA",
"S. BENTO" E "C[ONDE] BARÃO".
SERÁ DATÁVEL DE MARÇO-ABRIL DE 1920.

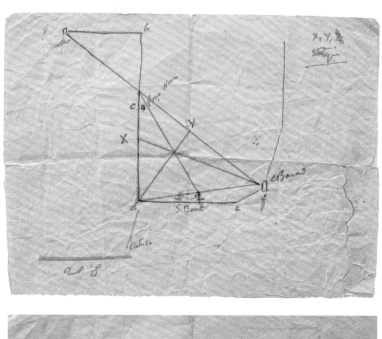

CARTAS DE AMOR

FERNANDO PESSOA

EDIÇÃO DE
JERÓNIMO PIZARRO

COM A COLABORAÇÃO DE
ANA GUERREIRO
MANUEL P. FERNANDES

COORDENADOR DA COLEÇÃO
JERÓNIMO PIZARRO

SÃO PAULO
TINTA-DA-CHINA BRASIL
MMXXV

SUMÁRIO

Apresentação   9

Correspondência   27

Anexos
   1. Alguns poemas   131
   2. Madge Anderson   153
   3. Caderno de imagens   175

Índice onomástico   199
Bibliografia   201
Notas biográficas   205

APRESENTAÇÃO

POR JERÓNIMO PIZARRO

Pessoa escolheu a literatura simplesmente
porque não podia escolher o amor.
Antonio Tabucchi (1984, p. 54)

A literatura, como toda a arte, é uma
confissão de que a vida não basta.
Fernando Pessoa (1967, p. 286)

Em 1978, foram publicadas as "cartas de amor" de Fernando Pessoa (1888-1935), das quais já se conheciam dez fragmentos desde julho de 1936, quando o sobrinho de Ofélia Queiroz (1900-1991), o poeta Carlos Queiroz (1907-1949), decidiu documentar, em colaboração com a tia, com quem morava, "as fases principais" de uma "inconsequente — mas longa e profunda experiência passional" (Queiroz, 1936, p. 2). Esses fragmentos abriram o número 48 da revista *Presença*, consagrado a Pessoa, no qual também figura uma "Carta à memória de Fernando Pessoa", em que o jovem poeta, com o "remorso" de não ter tentado conhecer melhor o poeta de "múltipla personalidade", escreve: "O Fernando passou *por aqui* em bicos de pés, coerente com o conselho dado às companheiras por uma das veladoras do seu *Marinheiro*: 'Não rocemos pela vida nem a orla das nossas vestes'" (p. 11). A "delicadíssima discrição" e o "sentimento de *intimidade*" são duas facetas da índole d'"o Fernando" que Carlos Queiroz destaca, mas que não o impediram de dar à luz esses trechos amorosos desconhecidos. Tanto que, a certa altura da carta póstuma, interpela o seu amigo: "— Porque você amou, Fernando, deixe-me dizê-lo a toda a gente" (p. 11). Isto significa, embora possa parecer paradoxal, que algumas das primeiras cartas pessoanas que se tornaram públicas foram aquelas "de amor"; paradoxal, mas compreensível, se considerarmos que o fascínio exercido pela intimidade de Pessoa se deve, em parte, ao zelo em que ele a manteve, à "impossibilidade de abrir à curiosidade dos seus mais assíduos companheiros uma fresta por onde pudessem espreitar a sua vida sentimental" (p. 11).

As cartas de Pessoa, mas também as de Ofélia Queiroz, cuja publicação aconteceu mais tarde "por uma quase imposição de muitas vontades e curiosidades" e precedida por um pedido de desculpas de Manuela Nogueira, sobrinha de Pessoa, pela intromissão na vida íntima de ambos (Queiroz, 1996, pp. 7 e 11; cf. Pessoa e Queiroz, 2012 e 2013). No seu texto preliminar, Nogueira lembra que Ofélia se apresentou — dia 8 de outubro de 1919, isto é, um dia depois da morte do padrasto de Pessoa — à firma Félix, Valladas & Freitas, Ltd., um negócio de brocas que faliu passados três meses, localizado na rua da Assunção, 42, 2º, em Lisboa, para preencher um lugar vago, de secretária, e que a primeira carta de Pessoa para ela surgiu a 1º de março de 1920. Mas defende que, já em novembro de 1919, chegou a existir um trato mais íntimo entre os dois colegas de escritório, atendendo ao conteúdo de um bilhete de visita de Ofélia, datado do dia 28:

Bebé não é má
É boa até
Bem diga lá,

E diga com fé.
Mau quem será?!
Eu sei quem é.
28-11-1919

(Queiroz, 1996, pp. 13-14 e 157 [fac-símile])

Este bilhete, e outros afins, poderão ter passado despercebidos a Mário Nogueira de Freitas (1891-1932), um dos três sócios da firma e primo de Pessoa, com quem ele participou em alguns empreendimentos comerciais falhados e em várias agências de minas, mas com quem não terá partilhado (ou então, não no início) o segredo do namoro. Manuela Nogueira, que é desta opinião, e que se mostra constrangida pela leitura das cartas "ingénuas, patéticas, apaixonadas" de Ofélia, que ela e Maria da Conceição Azevedo revelaram em 1996, imagina, em seguida, as lutas internas que essas cartas e a relação com Ofélia terão gerado no seu tio: "Fugir a um casamento que augurava trazer infelicidade para ambos, desprender-se da doçura de se saber amado, magoar Ofélia a quem amava, deve ter sido um terrível problema" (Queiroz, 1996, pp. 13-14). Um problema para Pessoa, ou para Pessoa sob os influxos "perturbadores" de Álvaro de Campos, que soube intrometer-se no namoro de ambos e que deixou textos que parecem inspirados na epistolografia desse relacionamento, como o verso "Queriam-me casado, fútil, quotidiano e tributável?" (Pessoa, 2014, p. 175) ou o poema "Todas as cartas de amor são | Ridículas" (Pessoa, 2014, p. 325).

Ofélia queria viver com Pessoa, foi sempre muito clara a este respeito, e, para que isso pudesse acontecer, deviam primeiro casar-se. De facto, chegou a imaginar a vida no lar que essa união permitiria: "Eu adorava", diz, "poder levar uma vida assim: Comecemos pela manhã: O Nininho levanta-se, vai lavar-se,

[...] e enquanto o Nininho se arranja, lavo eu a cara e as mãos (lavagem de gato) para irmos tomar *os dois* o primeiro almoço acompanhado de muitos jinhos". Aqui terminaria a primeira parte. A segunda seria igualmente simples: "Se o Nininho tiver necessidade de sair antes do almoço sai, e eu fico a resolver e a tratar o que mais se relacionar com a vida da manhã, e esperando muito contente o regresso do meu *maridinho*, arranjando-me então mais convenientemente para o receber e para o almoço".

A terceira seria mais doméstica: depois do almoço, "o Nininho" ficaria a trabalhar "a valer, mas em casa, fechado no gabinete de trabalho", enquanto "a Nininha", por vezes, interrompendo as suas obrigações, apareceria "ao pé do meu amor, sem ele dar por isso", agarrar-se-ia ao seu pescoço, dar-lhe-ia muitos jinhos, e depois agiria "conforme a carinha que ele fizer". A quarta e última teria lugar depois da hora do jantar: Ofélia diria em voz alta "Nininho, anda papar!", e o "Ninininho viria papar o jantar e também paparia jinhos"; "depois do jantar, o ideal, o ideal, era o Nininho não sair, e quando saísse fosse comigo [...] O Nininho depois ia ler ou escrever ou ia ler para a caminha, e se tivesse vontadinha de papar eu levava qualquer coisa à caminha para ele" (cf. Queiroz, 1996, p. 320).

Mas o que sabemos do namoro, de forma sucinta, e partindo da bibliografia existente? Sabemos que teve duas fases, uma primeira entre janeiro de 1920 e novembro de 1920, e uma segunda, após um inesperado reacender da chama nove anos mais tarde, entre setembro de 1929 e (digamos) fevereiro de 1931. Não indico outubro ou novembro de 1919 como mês de início, porque, nessa altura, Ofélia ainda namorava com Eduardo Cunha, um rapaz que estudava pintura, embora ela tivesse iniciado um subtil envolvimento (troca de olhares, sorrisos e palavras) com Pessoa. De facto, Ofélia só abandonou o antigo namorado em março de 1920, quase dois meses depois dos primeiros beijos que Pessoa lhe dera no gabinete dela, a 22 de janeiro, e depois de sondar as intenções genuínas do seu "adorado Fernandinho", em carta de 28 de fevereiro. O relato daquilo que aconteceu em janeiro é bem conhecido — faz parte do notável e expressivo depoimento de Ofélia — e também a resposta de Pessoa, de 1º de março, eludindo respostas diretas e passando, não sem alguma insensibilidade, ao ataque para se defender ("Quem ama verdadeiramente não escreve cartas que parecem requerimentos de advogado"; carta 7). Nesse depoimento, lê-se:

> Lembro-me que estava em pé, a vestir o casaco [para sair], quando ele [o Fernando] entrou no meu gabinete. Sentou-se na minha cadeira, pousou o candeeiro que trazia na mão [esse dia faltou a luz no escritório] e, virado para mim, começou de repente a declarar-se, como Hamlet se declarou a Ofélia: "Oh, querida Ofélia! Meço mal os meus versos; careço de arte para medir os meus suspiros; mas amo-te em extremo. Oh! até ao último extremo, acredita!".
>
> Fiquei perturbadíssima, como é natural, e, sem saber o que havia de dizer, acabei de vestir o casaco e despedi-me precipitadamente. O Fernando levantou-se, com o candeeiro na mão, para me acompanhar até à porta. Mas, de repente, pousou-o sobre a divisória da parede; sem eu esperar, agarrou-me pela cintura, abraçou-me e, sem dizer uma palavra, beijou-me, beijou-me, apaixonadamente, como louco.
>
> (Pessoa, 1978, p. 21)

Surgiram depois os primeiros versos que Pessoa lhe dedicou e talvez outros que nunca lhe entregou, mas que podem ter sido inspirados por ela.

De facto, Richard Zenith, na sua biografia (2022, p. 672), transcreve versos ingleses, de um poema de 18 de outubro de 1919, que imagina relacionados com Ofélia. Neles, o eu lírico pergunta a uma jovem apaixonada:

> [...] why, unless thou wouldst play
> A prank alike on Fate and me
> Do thine eyes come my way
> And thy smiles seek me, who have sought not thee?
> (BNP/E3, 49A⁵-73ʳ)

> [...] porquê, salvo que queiras pregar
> Uma partida ao Destino e a mim,
> Diriges para mim o teu olhar
> E o teu sorrir? Procurei-te eu assim?

No mesmo poema, o emissor afirma que não ousaria desejá-la, já que se encontra confinado aos pensamentos ("thought-penned"), encerrado em dor ("pain-enclosed"), e alheado da vida em sonhos vãos ("cloistered from life in idle dreams"). Era o poeta de outubro mais lúcido do que o homem de janeiro? Podem este poema e outros afins ser lidos com este tipo de código biográfico? É discutível, mas o certo é que alguns dos principais motivos do drama de Pessoa e a shakespeariana Ofélia (ou homérica, se evocarmos a Penélope que esperou por dez anos o regresso de Ulisses; ou ricardiana, se evocarmos a Lídia de Reis) talvez aflorassem logo no início.

O namoro teve uma segunda fase, aparentemente mais longa, a partir de setembro de 1929. "Foi um 'namoro' simples, até certo ponto igual ao de toda a gente, embora o Fernando nunca tivesse querido ir a minha casa, como era habitual da parte de qualquer namorado", disse Ofélia (Pessoa, 1978, p. 30), referindo-se mais à casa da sua irmã, no Rossio, do que à dos seus pais, na rua dos Poiais de S. Bento. À primeira, Pessoa só começou a ir, mas na qualidade de amigo de Carlos Queiroz, em 1929, ano em que Carlos ajudou a reatar a relação sentimental depois de cometer uma inconfidência. Em setembro desse ano, Ofélia manifestou vontade de ter uma fotografia semelhante à que Carlos tinha de Pessoa a beber ao balcão de um local da firma Abel Pereira da Fonseca; Carlos pediu essa imagem a Pessoa, mas sem deixar de revelar que era para Ofélia, sem alegar, por exemplo, que era para ele ou para uma pessoa amiga ou conhecida. A segunda fase do namoro estendeu-se (digamos) até fevereiro de 1931, e reitero a indicação parentética, porque Ofélia guardou na memória uma data diferente: "Escrevemo-nos e vimo-nos até janeiro de 1930" (Pessoa, 1978, p. 43) e porque depois do último beijo que se deram, a 14 de junho de 1930, data do aniversário dela, já pouco se viram. Ofélia talvez tenha encurtado a duração da segunda fase, porque a última carta de Pessoa era dessa altura (11-1-1930); porque "… o diálogo entre os dois namorados" foi-se tornando, gradualmente, "num quase-monólogo de Ofélia, num discurso cada vez mais inconsequente e solitário, ainda que nas suas cartas se faça ouvir o eco de breves encontros ou dos escassos telefonemas de Pessoa" (Parreira da Silva, em Pessoa e Queiroz, 2012, p. 8); e porque, talvez, tivesse vergonha de reconhecer que tinha passado da vivacidade inicial para "a 'tagarelice'" final, "de quem não pode fazer mais do que preencher um vazio e enganar, pateticamente, o destino anunciado desde 1920" (idem, p. 10). Indiquei fevereiro de 1931, porque foi só a 19 de fevereiro desse ano (segundo uma carta inédita, revelada em 2013) que telefonou um cavalheiro, anunciando-se Ricardo Reis, e disse que vinha de parte de Pessoa para participar a Ofélia que "o Nininho estava preso e incomunicável e que só apareceria no princípio de março" (Pessoa, 2013, p. 339). Mas o Nininho não apareceu, nem com a ajuda que a 24 de fevereiro de 1931 supostamente prometeu Álvaro de Campos, e já não voltou a aparecer...

O primeiro leitor das "cartas de amor" pessoanas enquanto conjunto textual, David Mourão-Ferreira, assinalou a "atmosfera de obsessiva puerilidade" desse *corpus* e salientou a importância de um tema: "o da infância procurada ou reencontrada através do amor" (Pessoa, 1978, pp. 191-192). Nomeadamente na primeira fase do namoro, e tendo em conta o que Pessoa propõe na carta de ruptura de 1920, a Ofélia: "Fiquemos, um perante o outro, como dois conhecidos desde a infância, que se amaram um pouco quando meninos...".[1] Essa puerilidade e a ambivalência correspondente — o poeta desejou a criança, mas também a mulher? — não desapareceram da segunda fase; mas então os dois já eram menos novos, a pressão era maior, Ofélia ainda estava esperançosa e Pessoa continuava receoso, e entregue à sua obra, isto é, subordinado, como em 1920, "à obediência a Mestres que não permitem nem perdoam" (carta 47). Enquanto Ofélia sonhava com um lar, Pessoa procurava um maior isolamento, quer imaginando uma mudança para Cascais, quer habitando em horários alheios ao expediente os escritórios dos quais tinha chaves — chegou a arrendar, em março de 1930, um quarto na rua da Prata, para não ter de dividir esporadicamente o andar do prédio da rua Coelho da Rocha com a meia-irmã e o cunhado, que passavam muito mais tempo em Évora do que em Lisboa. A relação de Pessoa e Ofélia sempre foi marcada por encontros e desencontros, e, na segunda fase, sobretudo, por desencontros.

1 José Augusto Seabra pergunta-se se "não se repercutirá o eco deste belo passo nos poemas em que a figura de Lídia (heterónima da de Ofélia) é invocada" (1979, p. 83). Maria Teresa Schiappa de Azevedo analisa a presença de Ofélia — sob a forma poética de Cloe — nas odes de Ricardo Reis (1992 e 1994).

Ora, a relação também se pautou por certos acontecimentos, alguns mais marcantes do que outros. O mais importante aconteceu na primeira fase, quando a mãe de Pessoa e os três meios-irmãos do poeta chegaram a Lisboa. Após quinze anos, a família voltava a estar reunida e Pessoa fora incumbido de encontrar um lugar onde a mãe, a meia-irmã Teca e ele (e os irmãos, que a 8 de maio partiram para Inglaterra) pudessem morar, lugar que ainda precisava de obras quando o vapor em que vinham os quatro acostou. Pessoa, que não falara de Ofélia à família, passou a ter menos tempo para estar com ela e isto numa altura de consolidação da relação e pouco antes de o pai dela, em maio, descobrir que ela andava na rua com um senhor que não era Eduardo Cunha... Seja como for, o namoro manteve-se vivo, a correspondência também, embora sempre fosse mais abundante a que Ofélia remetia. Ofélia chegou a ter esperança (talvez como a mãe de Pessoa) de que a Olisipo, pequena agência fundada nesse ano e que inicialmente serviu como intermediária em negócios de minas, permitisse a Pessoa ganhar o necessário para ter uma vida mais estável, com um ordenado mais fixo. Mal sabia ela que a agência teria pouco sucesso e que acabaria por se tornar uma editora — onde Pessoa autopublicou, em dezembro de 1921, *English Poems I-II* e *English Poems III*. Em termos políticos, 1920 foi um ano de grande agitação, de várias mudanças de governo, de greves e de confrontos nas ruas, a que Pessoa alude. No mundo mais idílico desta correspondência não há tiroteios nem descargas, mas eles aconteceram no centro de Lisboa, onde os protagonistas costumavam andar. Os anos 1929 a 1931 são os mesmos da fase mais intensa do *Livro do desassossego*, retomado em 1929, e os mesmos da correspondência com Aleister Crowley, que chegou ao porto de Lisboa, acompanhado de Hanni Larissa Jaeger, a 2 de setembro de 1930, e cujo suicídio falso, nesse mesmo mês, Pessoa ajudou a encenar. De resto, o poeta de "Autopsicografia", composição supostamente escrita no Dia das Mentiras de 1931, também utilizou uma linguagem metafórica e com alguns traços porventura infantis (os "montinhos" lembram os "pombinhos" das cartas de amor) num poema vagamente erótico que escreveu depois de ter passado algum tempo com a namorada de Crowley.

Dá a surpresa de ser,
É alta, de um louro escuro.
Faz bem só pensar em ver
Seu corpo meio maduro.

Seus seios altos parecem
(Se ela estivesse deitada)
Dois montinhos que amanhecem
Sem ter que haver madrugada.

E a mão do seu braço branco
Assente em palmo espalhado
Sobre a saliência do flanco
Do seu relevo tapado.

Apetece como um barco.
Tem qualquer coisa de gomo.
Meu Deus, quando é que eu embarco?
Ó fome, quando é que eu como?
(Pessoa, 2019, pp. 451-452)

Foi Ofélia o único amor ou a única paixão de Pessoa? Em princípio não, mas, em 1978, David Mourão-Ferreira escreveu: "Efectivamente, não se conhece, além deste [o ofeliano] — nem é provável que tenha existido —, qualquer outro episódio sentimental na vida de Fernando Pessoa" (Pessoa, 1978, p. 9).

Convém lembrar que, em 2017, José Barreto publicou o artigo "A última paixão de Fernando Pessoa" e, em 2022, "Outra carta de Madge: Adenda ao artigo 'A última paixão de Fernando Pessoa'". Nesses contributos, Barreto inclui documentos inéditos e apresenta a misteriosa inglesa referida em algumas cartas, a rapariga loura, mencionada em alguns poemas, que já tinha intrigado Ángel Crespo (1989) e outros investigadores. Sobre Madge Anderson, lê-se no primeiro artigo:

> Madge Anderson (1904-1988) era irmã de Eileen Anderson (1902--1987), cunhada de Pessoa, pois era casada com o seu meio-irmão João Maria Nogueira Rosa (ou John), um bancário que vivia em Londres. Os outros dois meios-irmãos de Fernando Pessoa eram Henriqueta Madalena (ou Teca), a mais velha, que vivia em Portugal, e o benjamim, Luís Miguel (ou Lhi ou Michael), um engenheiro químico que vivia em Inglaterra.
>
> Madge, que casara ainda jovem com um inglês, fez um número indeterminado de viagens a Portugal entre o ano de 1929 — já então em "férias" do seu marido e em vias de se divorciar dele (Nogueira e Azevedo, 1996: 252; Silva, 2012: 276-277) — e abril-maio de 1935, data da sua presumível última estadia em Lisboa. Ofélia Queiroz, que em 1929 reatara o antigo namoro com Fernando Pessoa, tomou através dele conhecimento, nesse mesmo ano, da visita a Portugal de Madge, *não acompanhada pelo marido*. Esta última circunstância poderá ter feito soar algum vago alarme na mente de Ofélia, a avaliar pelos comentários depreciativos que teceu sobre Madge. Meses depois, novo sinal de alarme: numa carta de março de 1930, Ofélia manifestava-se contra o plano de Pessoa de viajar sozinho a Inglaterra, pois poderia "gostar lá de alguma *inglesinha* e

ficar por lá" ou "mandá-la vir para cá". Tratar-se-ia aqui de mera intuição de Ofélia ou de alguma suspeita mais fundada? Sabe-se apenas que Pessoa, convidado repetidamente pelo seu irmão Luís Miguel, terá projetado uma viagem a Inglaterra, que nunca viria a concretizar-se. […]

O nome de Madge Moncrieff Anderson e o seu endereço londrino surgem várias vezes num caderno de argolas usado no verão-outono de 1935 (cf. BNP/E3, 144F-2^r, 6^r e 14^r), em que Pessoa também escreveu vários poemas de amor em inglês. Madge e sua irmã Eileen, que em 1935 completavam respetivamente 31 e 33 anos, eram oriundas de uma família irlando-escocesa. A mãe, Teresa Murphy, nascida em 1874 perto de Dublin, era irlandesa. O pai, James Moncrieff Anderson, nascido em 1875 em Glasgow, era escocês; trabalhou como engenheiro e viveu longos anos na Turquia, onde foi administrador da Companhia de Telefones de Constantinopla, de capital britânico. Os Anderson eram uma família "com *plaid*" e "muito conservadora", segundo afirma Isabel Murteira França, sobrinha-neta de Pessoa e também sua biógrafa (França, 1987: 236). Por correspondência inédita de Pessoa para o seu irmão João (John), sabemos que um tio de Eileen e Madge, Jack MacManus, se deslocou em negócios a Portugal em 1934 e se encontrou duas vezes com Pessoa, que guardou dele uma opinião muito favorável.

(Barreto, 2017, pp. 599-601)

Portanto, Madge chegou a ser causa de ciúmes de Ofélia e ter-se-á encontrado com Pessoa, embora não em 1935, quando ele, como se depreende das cartas trocadas com Madge, optou, como noutras ocasiões, por desaparecer.

Nesta edição, as cartas entre Madge e Pessoa acompanham as que hoje se conhecem como "cartas de amor" — designação que preferimos não alterar —, porque revelam uma paixão que Pessoa teve no último ano da sua vida e que terá nascido antes, na altura em que reatara a relação com Ofélia. Esta decisão e outras — como a integração de certas imagens, fotografias e documentos (agradeço a Pedro Corrêa do Lago), assim como de numerosas notas de rodapé, algumas com indicações topográficas — permitem que este livro se assemelhe, por vezes, a um álbum ilustrado pela vida e a obra de Fernando Pessoa. Se a biografia pessoana é plural (hoje existem duas biografias portuguesas, duas espanholas, uma francesa, uma brasileira e uma americana, sem contar muitos trabalhos de índole biográfica), também o é a obra pessoana, que cada dia conhece mais edições, mais traduções, mais estudos.

Pessoa queria ser plural como o universo, e é isso que hoje se verifica: a sua maior pluralização, acompanhada de uma maior universalização. Assim, esta edição procura fornecer um conjunto de textos cuidadosamente estabelecidos, dedicadamente anotados, que renovem e multipliquem os estudos pessoanos, ou seja, estudos sobre Pessoa, mas também da multidão de pessoas que os fazem.

FOTOGRAFIA PARA O BILHETE DE IDENTIDADE
(EMITIDO A 28 DE AGOSTO DE 1928), QUE PESSOA OFERECEU A OFÉLIA.
4,8 × 3,7 CM.

FOTOGRAFIA DE OFÉLIA NO TEMPO DO SEGUNDO
NAMORO COM FERNANDO PESSOA (1930-1931).
4 × 3,5 CM.

CORRESPONDÊNCIA

Este livro é um desdobramento da edição crítica das *Cartas de amor* de Fernando Pessoa. Publicam-se os textos a partir dos originais do autor albergados em coleções particulares e na Biblioteca Nacional de Portugal (BNP/E3), com atualização ortográfica seguindo a variante lusitana, além da padronização de numerais, datas e abreviações. Nas transcrições, além dos colchetes que servem para desenvolver abreviaturas, podem figurar os símbolos seguintes, inicialmente utilizados na edição crítica das obras de Fernando Pessoa:

◊ espaço deixado em branco pelo autor
* leitura conjeturada
† palavra ilegível
[ ] conjetura adicionada pelo editor

Em poucas páginas (96-99, 145), figuram estes:

< > segmento autógrafo riscado
[↑] acrescento na entrelinha superior
[↓] acrescento na entrelinha inferior
[→] acrescento na margem direita
[←] acrescento na margem esquerda
{ } acrescento no interior de outro acrescento

Os sublinhados no texto original são reproduzidos em itálico.

1 [JAN.-FEV. 1920?]

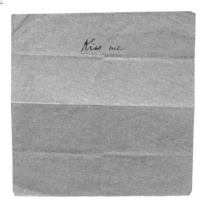

Kiss me[1]

2 [JAN.-FEV. 1920?]

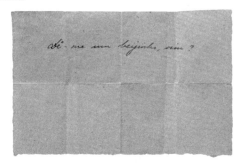

Dê-me um beijinho, sim?

---

[1] Pessoa costumava dobrar pequenas notas deste tipo e atirá-las para a secretária de Ofélia. "Eram só olhares, recados, bilhetinhos, que me atirava para cima da secretária, disfarçadamente. E também presentes, que eu encontrava dentro das gavetas quando chegava de manhã" (cf. o relato em Pessoa, 1978, p. 27).

3 [JAN.-FEV. 1920?]

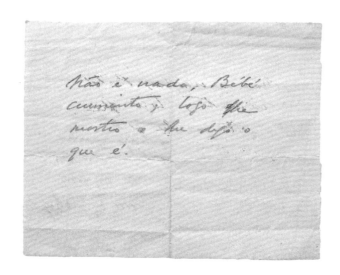

Não é nada, Bebé
ciumento; logo lhe
mostro e lhe digo o
que é.

4 [FEV. 1920?]

Canção popular:
O meu amor é pequeno,
Pequenino não o acho.
Uma pulga deu-lhe um coice,
Deitou-o da cama abaixo.

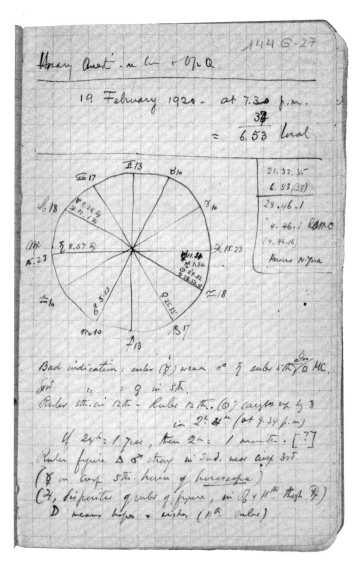

QUESTÃO HORÁRIA "RE[GARDING] LOVE &
OP[HELIA] Q[UEIROZ]" (BNP/E3, 144G-27r).

NOTAS COMPLEMENTARES NAS PÁGINAS SEGUINTES
(BNP/E3, 144G-27ᵛ E 28ʳ). DE ACORDO COM ESTAS OBSERVAÇÕES,
OS ASTROS PARECIAM FAVORÁVEIS.

5 24-2-1920

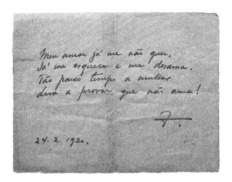

Meu amor já me não quer,
Já me esquece e me desama.
Tão pouco tempo a mulher
Leva a provar que não ama!

24.2.1920

6 28-2-1920

Bebé começa por B,
Beijinho por B começa.
Bebé, vem dar-me um beijinho…
Beijinho, vem cá depressa.
28/2/1920

7 1-3-1920

Ofelinha:

Para me mostrar o seu desprezo, ou, pelo menos, a sua indiferença real, não era preciso o disfarce transparente de um discurso tão comprido, nem da série de "razões" tão pouco sinceras como convincentes, que me escreveu. Bastava dizer-mo. Assim, entendo da mesma maneira, mas dói-me mais.

Se prefere a mim, o rapaz que namora, e de quem naturalmente gosta muito, como lhe posso eu levar isso a mal?[1] A Ofelinha pode preferir quem quiser; não tem obrigação — creio eu — de amar-me, nem, realmente necessidade (a não ser que queira divertir-se) de fingir que me ama.

Quem ama verdadeiramente não escreve cartas que parecem requerimentos de advogado. O amor não estuda tanto as cousas, nem trata os outros como réus que é preciso "entalar".

Porque não é franca para comigo? Que empenho tem em fazer sofrer quem não lhe fez mal — nem a si, nem a ninguém —, e quem tem por peso e dor bastante a própria vida isolada e triste, e não precisa de que lh'a venham acrescentar criando-lhe esperanças falsas, mostrando-lhe afeições fingidas, e isto sem que se perceba com que interesse, mesmo de divertimento, ou com que proveito, mesmo de troça.

Reconheço que tudo isto é cómico, e que a parte mais cómica disto tudo sou eu. Eu-próprio acharia graça, se não a amasse tanto, e se tivesse tempo para pensar em outra cousa que não fosse no sofrimento que tem prazer em causar-me sem que eu,

---

1 Na carta de 28 de fevereiro, em que duvida do amor do "Fernandinho" e lhe pergunta se a entrega dela terá alguma recompensa, Ofélia justifica as suas apreensões e os pedidos de esclarecimento com o não poder continuar num estado de incerteza que a levou a voltar a desprezar um rapaz que diz adorá-la. Esse aspirante a namorado — de quem talvez pudesse esperar um casamento iminente — chamava-se Eduardo Cunha e estudava pintura.

a não ser por amá-la, o tenha merecido, e creio bem que amá-la não é razão bastante para o merecer. Enfim...

Aí fica o "documento escrito" que me pede. Reconhece a minha assinatura o tabelião Eugénio Silva.[1]

1/3/1920

8 5-3-1920

Os meus pombinhos voaram.
Eles para alguém voariam.
Eu só sei que mos tiraram;
Não sei a quem os dariam.

5   Meus pombinhos, meus pombinhos,
Que já não têm os seus ninhos
Ao pé de mim.

São assim os meus carinhos —
Matam-nos todos assim!

10   *O "Já viu e agora não vê"*
5/3/1920

---

1 No diário de 1913, Pessoa regista que foi para a Baixa cedo, para servir como testemunha de uma procuração no cartório de Eugénio Silva (Pessoa, 1966, p. 51; Pessoa, 2003, p. 125). Trata--se de um tabelião importante na vida prática e comercial do escritor.

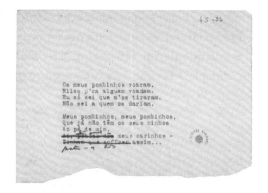

TESTEMUNHOS DE "OS MEUS POMBINHOS VOARAM"
(BNP/E3, 45-36ʳ; COLEÇÃO PARTICULAR).

9 18-3-1920

Tenho estado com uma angina forte, complicada, com outras pequenas cousas da garganta. Estou hoje um pouco — mas muito pouco — melhor, mas naturalmente nem sequer amanhã poderei aí ir.

Se houver alguma cousa a dizer-me, podem escrever pelo portador, que volta para aqui.

Já aí entregaram as chaves da casa da rua Coelho da Rocha? Tinham ficado de as levar aí até terça-feira, que foi antes de ontem. Gostava muito que alguém viesse aqui uns momentos — o Pantoja,[1] por exemplo, se aí for — pois me encontro muito só.

18/3/1920
Os 250 réis que vão juntos é para o carro do Pantoja, caso ele venha.[2]

10 18-3-1920

Muito agradeço a sua carta. Tenho passado muito aborrecido por todas as razões que calcula. Até, para tudo ser desagradável, há duas noites que não durmo, pois a angina dá uma saliva constante, e acontece-me esta cousa muito estúpida - eu ter que estar a cuspir de dois em dois minutos, o que não me deixa sossegar. Agora estou ao mesmo tempo melhor e pior do que estava de manhã: tenho menos ardor na garganta, mas tenho outra vez febre, o que de manhã já não tinha. (Notar que esta carta vai escrita no mesmo estilo da sua, por o Osório[3] estar aqui ao pé da cama, de onde eu estou escrevendo, e naturalmente repara de vez em quando para o que eu escrevo.)

1 Sabe-se pouco de Joaquim Pantoja (n. 1892), um amigo de Pessoa, de origem espanhola, que costumava frequentar o escritório da firma Félix, Valladas & Freitas (rua da Assunção, 42, 2º), onde Pessoa e Ofélia se conheceram e ele trabalhava como correspondente comercial e ela como secretária. Pantoja figura entre os "destinatários dos panfletos pessoanos de 1923" (cf. Barreto, 2016) e entre os destinatários de um exemplar de *Mensagem* (Pessoa, 2020, p. 225).

2 Esta não é uma carta endereçada exclusivamente a Ofélia Queiroz, mas a qualquer pessoa do escritório.

3 Osório era o "grumete" do escritório da Félix, Valladas & Freitas. Costumava sair a fazer recados.

Não posso escrever mais, com a febre e as dores de cabeça com que estou. Para responder ao que tu perguntas, de outras cousas, meu amorzinho querido (oxalá o O. não veja isto), teria que escrever muito mais e não posso.

Desculpa-me, sim?

18/3/1920

11 19-3-1920

19/3/1920
às quatro da madrugada

Meu amorzinho, meu Bebé querido:

São cerca de quatro horas da madrugada e acabo, apesar de ter todo o corpo dorido e a pedir repouso, de desistir definitivamente de dormir. Há três noites que isto me acontece, mas a noite de hoje, então, foi das mais horríveis que tenho passado em minha vida. Felizmente para ti, amorzinho, não podes imaginar. Não era só a angina, com a obrigação estúpida de cuspir de dois em dois minutos, que me tirava o sono. É que, sem ter febre, eu tinha delírio, sentia-me endoidecer, tinha vontade de gritar, de gemer em voz alta, de mil cousas disparatadas. E tudo isto não só por influência direta do mal-estar que vem da doença, mas porque estive todo o dia de ontem arreliado com cousas, que se estão atrasando, relativas à vinda da minha família,[1] e ainda por

---

1 A mãe de Pessoa e os três filhos do segundo casamento chegaram a Lisboa a 30 de março de 1920. Pouco depois, os dois meios-irmãos partiram para Inglaterra, onde se estabeleceram. Num apartamento no primeiro andar da rua Coelho da Rocha, 16, ficaram a morar Pessoa, sua mãe e sua meia-irmã, Teca.

cima recebi, por intermédio de meu primo,[1] que aqui[2] veio às sete e meia, uma série de notícias desagradáveis, que não vale a pena contar aqui, pois, felizmente, meu amor, te não dizem de modo algum respeito.

Depois, estar doente exatamente numa ocasião em que tenho tanta cousa urgente a fazer, tanta cousa que não posso delegar em outras pessoas.

Vês, meu Bebé adorado, qual o estado de espírito em que tenho vivido estes dias, estes dois últimos dias sobretudo? E não imaginas as saudades doidas, as saudades constantes que de ti tenho tido. Cada vez a tua ausência, ainda que seja só de um dia para o outro, me abate; quanto mais não havia eu de sentir o não te ver, meu amor, há quase três dias!

Diz-me uma cousa, amorzinho: Porque é que te mostras tão abatida e tão profundamente triste na tua segunda carta[3] — a que mandaste ontem pelo Osório? Compreendo que estivesses também com saudades; mas tu mostras-te de um nervosismo, de uma tristeza, de um abatimento tais, que me doeu imenso ler a tua cartinha e ver o que sofrias. O que te aconteceu, amor, além de estarmos separados? Houve qualquer cousa pior que te acontecesse? Porque falas num tom tão desesperado do meu amor, como que duvidando dele, quando não tens para isso razão nenhuma?

Estou inteiramente só — pode dizer-se; pois aqui a gente da casa, que realmente me tem tratado muito bem, é em todo o caso de cerimónia, e só me vem trazer caldo, leite ou qualquer remédio durante o dia; não me faz, nem era de esperar,

1 Mário Nogueira de Freitas (1891-1932), filho da tia Anica, primo direito de Pessoa e sócio do escritório.
2 À avenida Gomes Pereira, Vila Gonçalves de Azevedo, rés-do-chão, em Benfica, onde Pessoa morava desde finais de 1919.
3 Na segunda carta de 18 de março, Ofélia pergunta — sem obter resposta — se terá de esperar muito para ver o seu maior sonho realizado (o casamento) e lamenta que Pessoa tivesse tido a "triste ideia" de ir morar para tão longe (Benfica).

companhia nenhuma. E então a esta hora da noite parece-me que estou num deserto; estou com sede e não tenho quem me dê qualquer cousa a tomar; estou meio-doido com o isolamento em que me sinto e nem tenho quem ao menos vele um pouco aqui enquanto eu tentasse dormir.

Estou cheio de frio, vou estender-me na cama para fingir que repouso. Não sei quando te mandarei esta carta ou se acrescentarei ainda mais alguma cousa.

Ai, meu amor, meu Bebé, minha bonequinha, quem te tivesse aqui! Muitos, muitos, muitos, muitos, muitos beijos do teu, sempre teu

Fernando.

19/3/1920, às nove da manhã

Meu querido amorzinho:

Parece que foi remédio santo o escrever-te o que está acima. A seguir fui-me deitar, sem esperança nenhuma de adormecer, e o facto é que dormi umas três ou quatro horas a fio — pouca cousa, mas não imaginas a diferença que me fez. Sinto-me muito mais aliviado, e, embora a garganta ainda arda e esteja inchada, o facto de o estado geral ter assim melhorado quer dizer, creio bem, que a doença vai passando.

Se as melhoras se acentuarem rapidamente, talvez ainda hoje mesmo vá ao escritório, mas sem me demorar muito; e então eu-próprio te entregarei esta carta.

Espero aí poder ir; tenho certas cousas urgentes a tratar que posso dirigir aí do escritório, embora não vá eu em pessoa; mas que daqui me é impossível tratar.

Adeus, meu anjinho bebé. Cobre-te de beijos cheios de saudade o teu, sempre, sempre teu

Fernando

12 19-3-1920

Meu Bebé pequenino (e atualmente muito mau):

A carta que vai junta é a que mandei ainda agora a tua casa pelo Osório. Espero poder entregar-te as duas amanhã, indo esperar-te à saída do escritório Dupin.[1]

Sobre a informação, que te deram a meu respeito, não só quero repetir que é inteiramente falsa, como também dizer-te que a "pessoa de respeito", que deu essa informação a tua irmã, ou inventou por completo, e, sobre ser mentirosa, é doida; ou essa pessoa nem sequer existe, e foi tua irmã que a inventou — não digo que inventou a pessoa, mas que inventou que determinada pessoa lhe disse uma cousa que ninguém lhe disse.

Olha, amorzinho: é sempre mau, nessas coisas, julgar que os outros não passam de parvos.

Sobre essa "pessoa", e o que dela me disseste (naturalmente porque to tinham dito) tirei dois detalhes: (1) que essa pessoa sabe que eu gosto de ti, (2) que "sabe" que não é com ideias sérias que gosto de ti.

Ora, comecemos por uma cousa: *não há quem saiba se eu gosto de ti ou não*, porque eu não fiz de ninguém confidente sobre o assunto. Partamos do princípio que essa "pessoa respeitável" não

---

1 Como lembra a própria Ofélia Queiroz, no seu relato de 1978, entre março e abril deixou o escritório em que conheceu Fernando Pessoa e foi para a casa C. Dupin & Cia., no cais do Sodré, que segurava o fornecimento de madeira para construção e trabalhos de carpintaria mecânica. Em princípio, a 26 de março Ofélia enviou a carta de demissão para Fernando Valladas, um dos sócios.

"saiba", mas *calcule* que eu gosto de ti. Como há de haver uma base para calcular isso, é que essa pessoa viu entre nós qualquer troca de olhares, notou entre nós (ou, antes, neste caso, de mim para ti) qualquer cousa. Quero dizer que é pessoa aqui do escritório,[1] ou que aqui vem bastante, ou, ainda, que recebe informações de quem aqui vem bastante. Mas, para poder, ainda que por informações alheias, afirmar que sim, que na verdade eu gosto de ti, essa pessoa, não sendo nenhuma que venha aqui ao escritório, só pode ser alguém ou da família de meu primo (a quem ele tivesse falado das "suspeitas" que tem de vez em quando de [que] eu gosto de ti) ou da família do Osório.

Isto são tudo suposições, e mesmo esta de ser uma pessoa da família de gente cá do escritório, é levar muito longe a tolerância para uma afirmação como a de essa pessoa *saber* que eu gosto de ti.

Se já quase ninguém há (ninguém que o saiba por confidência minha, quase ninguém que o "calcule" de qualquer modo) que possa saber ao certo se eu te amo; menos há — aí então não há ninguém — que seja capaz de dizer que eu não te amo com ideias sérias. Para isso era preciso estar dentro de meu coração; e, ainda assim, era preciso ver mal, pois o que via era asneira.

Quanto à afirmação da "mulher" que eu tenho, se não é inventada por ti para te arredares de mim, faz à pessoa respeitável (se ela existe) que informou tua irmã as seguintes perguntas:

1. Que mulher é?

2. Onde é que eu vivi ou vivo com ela, onde é que a vou ver (se nos supõem dois amantes vivendo em casas separadas), há quanto tempo tenho eu essa mulher?

3. Outras quaisquer informações indicando ou definindo essa "mulher".

---

1 Do escritório da firma Félix, Valladas & Freitas.

Se toda a história não é invenção tua, garanto-te que dás com uma "retirada" imediata da pessoa que informou, a "retirada" de todos quantos são apanhados a mentir. E se a dita pessoa respeitável tiver o descaramento de dar detalhes, basta tu verificá-los, investigá-los. Verás que são mentiras, do princípio ao fim.

Ah, o que tudo isto é é um enredo qualquer — muito infame, mas, como muitas cousas infames, muito estúpido — para me afastar de ti! De quem partirá o enredo? Ou não haverá enredo nenhum, e será isto simplesmente um pé que tu arranjas para te veres livre de mim? Sei lá... Suponho tudo; tenho o direito de supor tudo.

Mas francamente eu merecia ser mais bem tratado pelo Destino do que estou sendo — pelo Destino, e pelas pessoas.

Vamos ver se consigo que esta carta te vá parar às mãos ainda hoje, sob qualquer pretexto. Se não, entregar-ta-ei amanhã, quando aqui nos encontrarmos ao meio-dia e meia hora.

Lê bem a carta junta, que te escrevi hoje de madrugada e se desencontrou contigo pois o Osório a levou quando aqui vieste. Vê o que é escrever uma carta, e depois receber a série de notícias e "graças" que me deste.

Ah, meu amor, meu amor: serás tu que me queres fugir para sempre, ou alguém que não quer que nós nos amemos?

Teu, sempre teu

P.S.

Afinal qual é a verdade no meio de tudo isto? Começo a desconfiar de tudo e de todos.

Como foi isso de não ires... e depois ires... para a Dupin? Como é que *de repente* foste fazer confidências a tua irmã?

Começo a não perceber bem... Começo a não saber ao certo o que pensar.

P. S. 2

Mais uma cousa: se a tal "pessoa respeitável" existe (o que duvido), vê que *fins pessoais* poderá ter para me afastar de ti. Vê se não haverá, quando menos, *fins de amizade para com qualquer outro pretendente teu*. Mas essa "pessoa respeitável" deve ser parenta do sr. Crosse,[1] com certeza — quanto à existência real. — Amanhã cá te espero no escritório à hora combinada.[2]

---

13 22-3-1920

Meu Bebé-anjinho:

Não tenho muito tempo para te escrever, nem havia, na verdade, amorzinho mau, muita cousa que dizer-te, que eu não te diga amanhã muito melhor em conversa; no tempo, infelizmente curto, que dura o percurso da rua do Arsenal até à casa da tua irmã.

Não quero que te rales; quero ver-te alegre, como é de teu feitio seres. Promete não te ralar — ou fazer o possível por não deixares que te ralem? Tu não tens razão nenhuma para te ralar, acredita.

---

1 Sobre este autor fictício, sob cujo nome Pessoa participou em concursos de charadas publicados em jornais ingleses, ver *Eu sou uma antologia: 136 autores fictícios* (2013; 2ª ed., 2016) e *136 pessoas de Pessoa* (2017). A carta de Ofélia Queiroz de 11 de março de 1920 é endereçada ao "sr. Crosse".
2 Em carta de 19 de março, ou já de dia 20, porque foi escrita por volta da uma da manhã, Ofélia não esclarece quem foi a "pessoa respeitável", mas diz que existe, que não tinha duplas intenções, que não pode ser interrogada e que nada do que essa pessoa disse (e que sobressaltou o seu cunhado e a sua irmã) foi inventado por ela. E pede ao seu "Nininho" que faça uma jura sagrada, prometendo que se casará com ela, para, assim, suavizar "a ferida que tanto tem sangrado e sangra ainda".

Olha, Bebezinho... Nas tuas promessas pede uma cousa, que em tempos me pareceu duvidosa, por causa da minha fraca sorte; mas agora me parece mais, muito mais, possível. Pede que o sr. Crosse acerte no alvo de um dos prémios grandes — um dos prémios de mil libras a que concorreu. Não calculas a importância que para nós ambos teria se isso acontecesse! E, olha, desde que vi, no jornal inglês recebido hoje, que ele já ia na altura da *uma libra* (e acabo de verificar que foi num concurso onde as graças dele não foram muito boas), tudo se torna possível. Ele ficou, agora, *número doze* em cerca de 20.000 (vinte mil) concorrentes. Será impossível que ele um dia chegue a n.º um? Ah, se isso acontecesse, amorzinho, e fosse num dos concursos grandes (mil libras, e não trezentas só, que não adiantava nada)! Tu compreendes?

———————————

Vim há pouco da Estrela, de ver o 3.º andar dos 70.000 réis. (Para dizer bem, como não está ninguém no 3.º andar, vi o 2.º, que tem, é claro, as mesmas divisões.) Sempre resolvo a troca. É uma casa mais que boa, magnífica! Chega e sobra para minha mãe, irmãos, enfermeira e tia, e para mim também. (Mas aqui há outra cousa a dizer-te, que amanhã te direi.)[1]

Adeus, amor; não te esqueças do sr. Crosse, não? Olha que ele é *muito nosso amigo* e pode ser-*nos* (a *nós*) muito útil.

Muitos beijinhos de todos os tamanhos do teu, sempre teu

Fernando

———

[1] Fernando Pessoa acabou por arrendar o 1.º andar da casa, sita na rua Coelho da Rocha, n.º 16, onde está atualmente instalada a Casa Fernando Pessoa.

P.O................. — **TREBLES No. 60.** Closing date, Wednesday, May 19th. 133H-47

EXAMPLE.	"TREBLE."	No....
In the workhouse	Genius awaits "immortality"	Efforts 2/6d.
Success in Life	Smithy to Smyth-E	
		Efforts 1s.
		Efforts 1s. 6d.

I enter Trebles Competition No. 60 in accordance with the rules and conditions announced on this page, and agree to accept the published decision as final and legally binding.

SIGNED ... ... *A. A. Crosse*

ADDRESS ... C/o M. N. Freitas - Apartado 146 - LISBON Portugal

(Not more than three words may be used. Send the whole coupon, even if only one effort is entered.)

TREBLES Nº 60 (BNP/E3, 133H-47ʳ).

RESULT OF TREBLES No. 50.

THE FIRST PRIZE OF £300 has been awarded to:
Miss V. R. TUCKER, 4, Ravensbury Terrace, Earlsfield, S.W.
  Example: A perfect day.
  Treble: Pussyfoot visiting NiagarA.

THE SECOND PRIZE OF £25 has been awarded to:
Mr. ARTHUR SWARBUCK, 41, Vicarage Grove, Eccles, Manchester.
  Example: Every woman Thinks.
  Treble: Tram car's hers.

THE THIRD PRIZE OF £20 has been awarded to:
Mr. A. J. GASCOIGNE, 27, Etruria Street, C.-on-M., Manchester.
  Example: A perfect day.
  Treble: Wife misLAid cookery-book.

THE FOURTH PRIZE OF £15 has been awarded to:
Mr. GEO. W. AMPHLETT, 190, Highgate Road, Sparkbrook, Birmingham.
  Example: Mother'S right hand.
  Treble: Nipper'S "napper"."slapper."

THE FIFTH PRIZE OF £10 has been awarded to:
Mr. W. G. BRANCH, Shrubland House, West Bergholt, Essex.
  Example: Very good Company.
  Trebles: ProCeed to "allotment."

THE SIXTH PRIZE OF £5 has been awarded to:
Mr. F. T. CORLESS, 33, Parkfield Road, Upton, Torquay.
  Example: Rather pathetic.
  Treble: "Shirt" on Race-horse.

THE TEN PRIZES OF £1 each have been awarded to:
Mr. W. BENNETT, I Back 18, St. Mark's Street, Summerhill, Birmingham.
Mr. THOMAS GALLAWAY, 175, Sandford Road, Bradford.
Mr. ARTHUR DICK, 17, Mathieson Street, Govan, Glasgow.
Mr. EDGAR NAYLOR, 103, Whitehall Road, Leeds.
Mr. BERT MOORE, Lanark Cottage, Merrow, Guildford.
Mr. A. A. CROSSE, c/o Mr. M. N. Freitas, Apartado 146, Lisbon, Portugal.
Mr. T. O. JONES, 22, Syren Street, Kirkdale, Liverpool.
Mr. ERNEST BROWN, 15, Bernard Street, Carrington, Nottingham.
Mr. PERCY LONSDALE, 74, Shirley Road, Cheetham, Manchester.
Mr. HENRY J. WARD, 207, Wargrave Road, Earlestown, Lancs.

NOTE.—Pressure on space compels us to withhold publication of the winners of the other prizes offered. These will be despatched during the week; but a list of unpublished winners can be seen on application at The Fleetway House, Farringdon Street, London, E.C. 4.

n Street, London, E.C.4. Registered for transmission by
for six months. Sole agents for South Africa: THE CENTRAL
ada: THE IMPERIAL NEWS AGENCY, LIMITED. Saturday,

133H-36

Telephone No.:
Central One (15 lines).

Telegrams:
"MISTITLED,
CENT., LONDON."

The Amalgamated Press, Ltd.,
Accounts Dept.,
THE FLEETWAY HOUSE,
FARRINGDON ST.,
LONDON. E.C. 4

15 MAR 1920

ANSWERD

Dear Sir (or Madam),

Herewith we have pleasure in handing you cheque for the Prize awarded to you in the ~~Trebles L. 50~~ Competition.

Full particulars will be found on the back of the cheque.

Yours faithfully,

THE AMALGAMATED PRESS, Ltd.

S.D. 56
5419

CARTA REFERENTE A TREBLES Nº 50 (BNP/E3, 133H-36ʳ).

14 23-3-1920

Meu querido Bebezinho:

Hoje, com a quase certeza de que o Osório não te poderá encontrar, pois, além de ter que esperar aqui pelo Valadas, tem naturalmente que ir levar açúcar a casa de meu primo, quase que de nada me serve escrever-te. Vão, em todo o caso, estas linhas, para o caso de sempre ser possível fazer-te chegar a carta às mãos.

Ainda bem que a interrupção de ainda agora foi mesmo no fim da nossa conversa, quando íamos despedir-nos. Era justamente para evitar interrupções dessas que eu escolhi o caminho por onde hoje íamos. Amanhã esperarei à mesma hora, sim Bebé?

Não me conformo com a ideia de escrever; queria falar-te, ter-te sempre ao pé de mim, não ser necessário mandar-te cartas. As cartas são sinais de separação — sinais, pelo menos, pela necessidade de as escrevermos, de que estamos afastados.

Não te admires de certo laconismo nas minhas cartas. As cartas são para pessoas a quem não interessa mais falar: para essas escrevo de boa vontade. A minha mãe, por exemplo, nunca escrevi de boa vontade, exatamente porque gosto muito dela.

Quero que notes isto, que saibas que eu sinto e penso assim a este respeito, para não estranhares, para não me achares seco, frio, indiferente. Eu não o sou, meu Bebé-menininho, minha almofadinha cor-de-rosa para pregar beijos (que grande disparate!).

Mando um meiguinho chinês.

E adeus, até amanhã, meu anjo.

Um quarteirão de milhares de beijos do teu, sempre teu

Fernando

23/3/1920

O Osório leva o chinês dentro de uma caixa de fósforos.

PESSOA TERÁ ENVIADO UM BONECO COMO ESTE,
FEITO EM BAQUELITE. OFÉLIA CONSERVOU-O,
COM TRAJE DE CAMPINO EM FITILHO PRETO.

15 24-3-1920

Meu querido amorzinho,

Hoje tenho tido imenso que fazer, quer fora do escritório, quer aqui mesmo.

Vão só duas linhas, para te provar que te não esqueço — como se fosse muito fácil eu esquecer-te.

Olha: mudo de Benfica para a Estrela no dia 29 deste mês de manhã; estive agora mesmo a combinar a mudança. Isto quer dizer que no domingo que vem nos não veremos, pois passarei o dia lá em Benfica a arrumar tudo, pois não é natural que tenha tempo para o fazer durante a semana.

Estou cansadíssimo, e ainda tenho bastante de que tratar hoje. São cinco horas e meia, segundo me diz o Osório.

Desculpa-me eu não te escrever mais... sim? Amanhã, à hora do costume nos encontraremos e falaremos.

Adeus, amor pequenininho. Muitos e muitos beijos do teu, sempre teu

24/3/1920

16 25-3-1920

Meu querido amorzinho:

Tenho andado hoje todo o dia a monte, não tendo ponto onde estar; quer dizer, tenho andado do Martinho da Arcada para o Martinho do L[argo] de Camões,[1] e ao contrário, todo o dia. Isto é muito maçador, (além de ser dispendioso) para quem já não tem o hábito, e portanto não tem o gosto, de andar a fazer vida de café.

Vamos a ver como arranjo a minha vida, para não andar em passeios destes. E tudo isto por causa da firma Félix, Valadas & Freitas, Ltd., visto que o Valadas evidentemente me não quer lá, e a casa é em parte dele, e meu primo[2] não tem alma para se impor, ou, pelo menos, para se opor. Enfim, já te expliquei as cousas ainda agora...

Vamos a ver se consigo entregar esta carta ao Osório, para ele ta dar logo. Oxalá não haja complicação.

---

1 Na época, o café Martinho era um dos cafés mais conhecidos de Lisboa. Os dois cafés Martinho pertenceram ao mesmo dono, Martinho Bartolomeu Rodrigues. O segundo situava-se no largo de Camões (atual praça D. João da Câmara), mas já não existe. A irmã mais velha de Ofélia morava nesse largo, defronte da estação do Rossio. Ofélia passava muito tempo na casa da irmã, mas vivia com os pais, na rua dos Poiais de S. Bento.

2 Mário Nogueira de Freitas, já referido.

Olha, Ofelinha: não haverá maneira, lugar e hora de a gente se encontrar um dia qualquer de modo a poder falar um pouco mais do que o quarto de hora que se leva de caminho do Corpo Santo até casa da tua irmã?

Amanhã, quando nos encontrarmos à hora do costume, vê se arranjas maneira de me indicar qualquer cousa neste sentido.

Continuo cansado, mas agora é o cansaço estúpido de não ter feito nada todo o dia. Quer dizer, não perdi o dia, pois tive uma conversa longa e muito importante (sobre questões de negócios) com um amigo meu. Mas estou cansado e do que tinha que fazer nada (quase) ficou feito.

Quero ver se vou hoje mais cedo para Benfica para lá começar a arranjar certas cousas para a mudança. Era excelente se eu pudesse encontrar-te no domingo, de tarde por exemplo.

Adeus, amor. Beijos, beijinhos, beijões, beijicos, beijocas, e beijerinzinhos do teu, sempre e muito teu

25/3/1920

PORMENOR DA CARTA DE 25 DE MARÇO DE 1920.

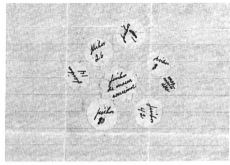

ESTA FOLHA DOBRADA, CONTENDO RODELAS DE PAPEL
(*"CUIDADO* AO ABRIR PORQUE VÃO AQUI OS JINHOS"),
TERÁ SIDO ENVIADA POR OFÉLIA EM 1920.

17 26-3-1920

Meu querido Bebé pequeníssimo:

Estou no Martinho da Arcada, são três e meia da tarde, e tenho "completo" o meu dia — isto é, está feito tudo quanto, de alguma importância, eu tinha que fazer antes das seis horas. (Digo "antes das seis horas" porque depois das seis tenho que tratar de assuntos na Estrela.)

Sabes? Fui há perto de uma hora à rua de Santa Marta, onde estão agora as cartas dos Apartados.[1] Para o sr. Crosse não havia nada (naturalmente a "libra" ou não chegou ainda ou vem registada, e ainda não distribuem os registos), nem havia nada para o Apartado 146, de meu primo. Com grande pasmo meu, porém, encontrei para o Apartado 147 (o meu), além de uma carta e um postal para mim, uma carta *para minha mãe* e outra *para um dos*

---

1 Antes estavam na rua do Arsenal.

meus irmãos! Como estas cartas têm Carimbos de origem de 17, 18 de fevereiro, vejo que eles já não estavam no Transval nessa altura. Tenho, pois, por quase certo que embarcaram no "Lourenço Marques" e devem chegar a 4 de abril,[1] como te disse que chegariam se viessem nesse vapor.

Vou agora ativar tudo. Vou passar alguns dias bonitos de trabalho. O que vou hoje fazer à Estrela é (não ver a mulher loura de olhos azuis!!!)[2] mas tratar da mudança da mobília de minha mãe para a casa de lá!

Estou novamente com dores de garganta, e com medo de recair. Olha que brincadeira que era recair nesta altura, hein?!

Já tenho os meus papéis na "Magneto".[3]

Adeus, amor; pensa às vezes em mim, quando não estiveres distraída... Estou convencido (por minha parte) que gosto de ti. Sim, creio poder afirmar que tenho para contigo uma certa afeição.

Um regimento de beijinhos, do teu, sempre e muito teu

Fernando

26/3/1920

---

1 Chegaram a 30 de abril.

2 Cf. o relato de Ofélia Queiroz, estruturado pela sua sobrinha-neta: "Mas ele gostava de me fazer ciúmes a mim, para ver a minha reação. Um dia, veio com uma história que se tinha passado com ele no elétrico. Comentando a influência e a força do olhar de certas pessoas, contava ele que, ao fixar a cabeça loura de uma senhora que ia sentada à sua frente, ela se virara de repente para ele e o fixara insistentemente. Percebi logo qual era a intenção da história, e durante muito tempo falei-lhe na senhora loura, fingindo ter ciúmes. Ele gostava imenso e tinha um trabalhão a tentar convencer-me de que não havia senhora loura nenhuma" (Pessoa, 1978, p. 19).

3 Pessoa mudou de pouso, para a firma Magneto Portuguesa, Ltd., empresa de eletricidade e mecânica sediada na rua dos Fanqueiros.

18 27-3-1920

Meu Bebezinho mau e bonito:

Mal tenho tempo de te escrever, e assim será durante uns três ou quatro dias, com esta trapalhada das mudanças, e — o que é mais — das mudanças à pressa.

Nem sei se esta carta te irá parar às mãos hoje; ainda não vi o Osório, e são já perto de seis da tarde. Estou escrevendo ao meu amorzinho no Café da Arcada. E ainda com mais pressa estou escrevendo porque de aqui a minutos chega aqui o meu primo. Mandei (por um recado deixado no guarda-portão do 42)[1] o Osório vir aqui ter. Vamos a ver se ele ainda leva esta carta.

Dei, felizmente, todas as voltas que tinha a dar; só me resta a combinação da mudança da mobília de minha mãe. Vou tratar disso logo, às oito e meia, na Estrela.

Amanhã, como te disse, não saio de Benfica. Na segunda-feira estarei à tua espera às oito horas nos arredores da porta de casa da tua irmã.[2] Quero ver se arranjo as cousas para que a mudança de terça-feira (ou, pelo menos, que deve ser de terça-feira) e que é a da mobília de minha mãe, seja *à tarde*; porque, se o não for, lá perdemos outro passeio do meio-dia. Enfim, eu te direi o que for na segunda-feira à noite.

O Osório acaba de chegar. Quero despachá-lo antes de vir meu primo. Por isso fecho rapidamente, e bruscamente (desculpa-me, meu amor) a carta.

Milhões de beijos do teu, sempre muito teu

---

1 Na rua da Assunção, 42, 2º andar, ficava, como já se disse, o escritório da firma Félix, Valladas & Freitas, Ltd.
2 Portanto, perto da gare do Rossio, edificada em finais do século XIX.

19 28-3-1920

Meu Bebé, meu Bebezinho querido:

Sem saber quando te entregarei esta carta, estou escrevendo em casa, hoje, domingo, depois de acabar de arrumar as cousas para a mudança de amanhã de manhã. Estou outra vez mal da garganta; está um dia de chuva; estou longe de ti — e é isto tudo o que tenho para me entreter hoje, com a perspetiva da maçada da mudança amanhã, com chuva talvez e comigo doente, para uma casa onde não está absolutamente ninguém. Naturalmente (a não ser que esteja já inteiramente bom e arranje as cousas de qualquer modo), o que faço é vir pedir guarida cá na Baixa ao Mariano Sant'Anna,[1] que, além de ma dar de bom grado, me trata da garganta com competência, como fez no dia 19 deste mês quando eu tive a outra angina.

Não imaginas as saudades de ti que sinto nestas ocasiões de doença, de abatimento e de tristeza. O outro dia, quando falei contigo a propósito de eu estar doente, pareceu-me (e creio que com razão) que o assunto te aborrecia, que pouco te importavas com isso. Eu compreendo bem que, estando tu de saúde, pouco te rales com o que os outros sofrem, mesmo quando esses "outros" são, por exemplo, eu, a quem tu dizes amar. Compreendo que uma pessoa doente é maçadora, e que é difícil ter carinhos para ela. Mas eu pedia-te apenas que *fingisses* esses carinhos, que *simulasses* algum interesse por mim. Isso, ao menos, não me magoaria tanto como a mistura do teu interesse por mim e da tua indiferença pelo meu bem-estar.

---

1 Segundo esclarece Eduardo Freitas da Costa (1951, p. 162), trata-se de "Mariano Santana, espírita e magnetizador, pessoa 'muito curiosa' e cultivada (embora autodidata), rica e generosa, que aparecia às vezes na tertúlia da *Brasileira* e morava ao tempo na rua da Prata, 250, 3º". Foi amigo de Pessoa, que o menciona na conhecida carta à tia Anica sobre fenómenos de mediunidade e em certos escritos automáticos.

Amanhã e depois, com as duas mudanças e a minha doença, não sei quando te verei. Conto ver-te à hora indicada amanhã — às oito da noite ou de ali em diante. Quero ver, porém, se consigo ver-te ao meio-dia (embora isso me pareça difícil), pois às oito horas quem está como eu deve estar deitado.

Adeus, amorzinho, faz o possível por gostares de mim a valer, por sentires os meus sofrimentos, por desejares o meu bem-estar; faze, ao menos, por o fingires bem.

Muitos, muitos beijos do teu, sempre teu, mas muito abandonado e desolado

Fernando.

28/3/1920

---

20 29-3-1920

São só duas linhas, meu amorzinho querido, para te dizer que não contes que eu apareça às oito horas. Enfim, ao meio-dia já nos vimos.

Amanhã, por deixar o Pantoja[1] substituindo-me lá em cima, conto poder encontrar-te à hora do costume. Não deixes de esperar um bocadinho, tomando por ponto central a Livraria Inglesa.[2]

A minha mudança lá ficou feita. A mobília não apanhou chuva; eu, porém, é que a apanhei ao vir lá da Estrela.

---

1 Veja-se a nota à carta de 18 de março de 1920. Entre os "destinatários dos panfletos pessoanos de 1923" figuram: "Mário Freitas [...] Fernando Valladas. | José Damião Félix. | Joaquim Pantoja (ag)" (cf. Barreto, 2016, p. 700).

2 A Livraria Inglesa situava-se na rua do Arsenal, 144. Vejam-se alguns selos dessa livraria conservados nos livros da Biblioteca Particular: http://bibliotecaparticular.casafernandopessoa.pt/index/selos.htm.

Ainda não falei ao Mariano Sant'Anna para lhe pedir guarida; mas falo-lhe logo.

Não me sinto muito bem, mas não estou pior do que estava ao meio-dia, quando te falei.

Adeus, Bebezinho, até amanhã. Beijos e mais beijos do teu, sempre teu

Fernando.

29/3/1920

21 5-4-1920

Meu Bebé pequeno e rabino:

Cá estou em casa, sozinho,[1] salvo o intelectual que está pondo o papel nas paredes (pudera! havia de ser no teto ou no chão!); e esse não conta. E, conforme prometi, vou escrever ao meu Bebezinho para lhe dizer, pelo menos, que ela é muito má, exceto numa cousa, que é na arte de fingir, em que vejo que é mestra.

Sabes? Estou-te escrevendo mas *não estou pensando em ti.* Estou pensando nas saudades que tenho do meu tempo de *caça aos pombos*;[2] e isto é uma cousa, como tu sabes, com que tu não tens nada...

---

1 Antes do previsto por Pessoa, dia 30 de março, chegaram a Lisboa a sua mãe (com uma enfermeira), a sua meia-irmã Henriqueta e os seus meios-irmãos Luís Miguel e João. Inicialmente, ficaram com o primo António Pinheiro Silvano (1871-1936), oficial da Armada e filho de uma tia-avó materna de Pessoa, na avenida Casal Ribeiro, 35. Mudaram-se para a rua Coelho da Rocha, 16, onde ainda faltava ativar alguns serviços suspensos e outros pormenores, em meados de abril.

2 Alusão aos seios de Ofélia que, em carta de 5 de abril de 1920, perguntava se Pessoa não gostava de estar ao pé da sua "almofadinha cor-de-rosa".

Foi agradável hoje o nosso passeio — não foi? Tu estavas bem-disposta; e eu estava bem-disposto, e o dia estava bem-disposto também. (O meu amigo, sr. A.A. Crosse está de saúde — uma libra de saúde por enquanto, o bastante para não estar constipado.)

Não te admires de a minha letra ser um pouco esquisita. Há para isso duas razões. A primeira é a de este papel (o único acessível agora) ser muito corredio, e a pena passar por ele muito depressa; a segunda é a de eu ter descoberto aqui em casa um vinho do Porto esplêndido, de que abri uma garrafa, de que já bebi metade. A terceira razão é haver só duas razões, e portanto não haver terceira razão nenhuma. (Álvaro de Campos, engenheiro.)

Quando nos poderemos nós encontrar a sós em qualquer parte, meu amor? Sinto a boca estranha, por não ter beijinhos há tanto tempo... Meu Bebé para sentar no colo! Meu Bebé para dar dentadas! Meu Bebé para... (e depois o Bebé é mau e bate-me...) "Corpinho de tentação" te chamei eu; e assim continuas sendo, mas longe de mim.

Bebé, vem cá; vem para o pé do Nininho; vem para os braços do Nininho; põe a tua boquinha contra a boca do Nininho... Vem... Estou tão só *tão só de beijinhos...*

Quem me dera ter a certeza de tu teres saudades de mim *a valer*. Ao menos isso era uma consolação... Mas tu, se calhar, pensas menos em mim que no rapaz do gargarejo,[1] e no D.A.F. e no guarda-livros da C. D[upin] & Cia.! Má, má, má, má, má.....!!!!!

Açoites é que tu precisas.

Adeus; vou-me deitar dentro de um balde de cabeça para baixo, para descansar o espírito. Assim fazem todos os grandes homens — pelo menos quando têm: $1^{\underline{o}}$ espírito, $2^{\underline{o}}$ cabeça, $3^{\underline{o}}$ balde onde meter a cabeça.

---

1 O ex-namorado de Ofélia, Eduardo Cunha.

Um beijo só durando todo o tempo que ainda o mundo tem que durar, do teu, sempre e muito teu

Fernando (Nininho).

5/4/1920

---

22 8-4-1920

Meu Bebezinho;

Não te escrevi ontem, afinal, porque estive muito maldisposto em casa; e hoje tive o desgosto e a apoquentação de te não ver, embora estivesse à porta da Livraria Inglesa desde às dez para o meio-dia até mais que o meio-dia e meia hora.

Tu estás doente, Bebezinho?

Manda-me dizer qualquer cousa, por amor de Deus!

Estou escrevendo à pressa, no Café da Arcada, para ir entregar a carta ao Osório. Oxalá o encontre.

Dá-me notícias tuas, sim?

Mil beijos do teu, muito e sempre teu

Fernando

8/4/1920

---

23 16-4-1920

Meu Bebezinho mau:

Tenho que estar em casa hoje exatamente ao meio-dia. Não posso, por isso, aparecer à hora combinada. Quero ver se consigo encontrar o Osório para ele te ir entregar esta carta entre o meio-dia e o meio-dia e meia hora.

Podes aparecer amanhã nas proximidades da Livraria Inglesa, como de costume, às 11 horas (*onze*)?

Parece-me que essa hora, pelo menos durante uns dias, será melhor que o meio-dia. Amanhã às onze, se puderes aparecer, eu te explico melhor.

Adeus, meu amor pequenino. Imensos beijos do teu, sempre e muito teu

Fernando

16/4/1920

24 27-4-1920

Meu Bebezinho lindo:

Não imaginas a graça que te achei hoje à janela da casa de tua irmã! Ainda bem que estavas alegre e que mostraste prazer em me ver (Álvaro de Campos).

Tenho estado muito triste, e além disso muito cansado — triste não só por te não poder ver, como também pelas complicações que outras pessoas têm interposto no nosso caminho. Chego a crer que a influência constante, insistente, hábil dessas pessoas; não ralhando contigo, não se opondo de modo evidente, mas trabalhando lentamente sobre o teu espírito, venha a levar-te finalmente a não gostar de mim. Sinto-te já diferente; já não és a mesma que eras no escritório. Não digo que tu própria tenhas dado por isso; mas dei eu, ou, pelo menos, julguei dar por isso. Oxalá me tenha enganado...

Olha, filhinha: não vejo nada claro no futuro. Quero dizer: não vejo o que vai haver, ou o que vai ser de nós, dado, de mais a mais, o teu feitio de cederes a todas as influências de família, e de em tudo seres de uma opinião contrária à minha.[1] No escritório eras mais dócil, mais meiga, mais amorável.

Enfim...

Amanhã passo à mesma hora no largo de Camões. Poderás tu aparecer à janela?

Sempre e muito teu

Fernando

27/4/1920

---

25 29-4-1920

Meu Bebé mauzinho (e muito):

Recebi ontem, no Apartado, as tuas duas cartinhas, a de 25 e a de 27, uma de manhã e outra de tarde. Também passei o dia de ontem sem receber carta tua, e muito desconsolado por isso.

Ontem não houve meio de te escrever; estou escrevendo hoje, 29, às sete e meia da manhã. Acabo de me levantar e estou aproveitando este sossego para te escrever.

Então o meu Bebé tem estado *tiste*? O Nininho também tem *tado*. E o Nininho não gostou ontem de, quando passou, ter dado espetáculo, por estarem várias pessoas (não me pus a reparar em quem eram) à outra janela, à janela da esquina. Apenas reparei que essas pessoas estavam a seguir os meus movimentos; por essa razão, embora tencione passar hoje ao meio-dia, como de costume, é possível que o faça só pelo passeio do lado da casa de tua irmã.

---

1 Fernando Pessoa terá dito à irmã de Ofélia Queiroz que não aprovava a ideia de vir a casa dela e Ofélia sabia que andar sozinha com ele era prática muito censurada. Este dilema terá gerado afastamento. Ela ficava à janela aguardando que ele passasse à hora combinada.

Não sei se receberás esta carta antes dessa hora, pois naturalmente não terei oportunidade de ta mandar senão à roda dessa hora mesmo. Naturalmente irá pelo Osório.

Não, não me tenho esquecido do retrato, mas tive sempre uma certa embirração por tirar retratos. Em todo o caso, tirá-lo-ei. Talvez meus irmãos mesmo mo tirem.

O sr. Crosse mandou antes de ontem uma resposta a concurso e ontem outra; e hoje vai outra ainda. As duas primeiras são de concursos pequenos, e não há esperança neles. A que vai hoje é de um concurso vulgar, de 250 libras. Uma que deve ir por estes dias é que é de mil libras, ou, antes, para o concurso de mil libras, que fecha em 13 de maio próximo. Há, portanto, tempo.

Perguntas se a rua Saraiva de Carvalho fica longe daqui.[1] Não: fica muito perto; é a rua ao lado desta. Depende, porém, da parte da rua a que te referes. A rua S. de C. é muito comprida; parte dela é aqui ao voltar a esquina. O princípio é perto do Rato, o fim no Cemitério dos Prazeres. A rua Coelho da Rocha é perto do fim.

Hei de ver se posso passar hoje (e os dias seguintes) mais umas vezes no largo.[2] Não sei a que horas, porém; e peço-te que não vás estorvar o que tenhas que fazer, só por estares à janela ou ao pé da janela. Teria muita alegria em te ver cada vez que passasses, mas não desejava que interrompesses o teu trabalho por isso.

1 Pergunta feita em carta de 25 de abril. Parecia feita para perceber se a estação dos correios estava longe do apartamento na rua Coelho da Rocha (Pessoa recebia correspondência no Apartado 147). Mas Ofélia esclarece, a 28 de abril, que a pergunta tinha outro intuito: existia a possibilidade de ela e o Fernando terem um pouso na rua Saraiva de Carvalho, porque talvez pudessem receber, através da comadre da mãe dela, uma casa sem trespasse nessa rua.

2 No largo de Camões (atual praça D. João da Câmara, como já se referiu). A irmã de Ofélia, Joaquina, tinha um negócio de costura. Ofélia também bordava. Anota Manuela Parreira da Silva: "Ofélia, a mais nova de oito irmãos, passava quase todo o tempo em casa da irmã (vinte anos mais velha), Joaquina, modista conceituada de enxovais para bebés e noivas" (Pessoa e Queiroz, 2012, p. 32).

Adeus, Bebé pequenino; muitos beijinhos do teu, muito teu

29/4/1920

P.S. O postal inglês tem por baixo isto: "Nem postal, nem carta, nem nada!".

26 6-5-1920

Meu Bebé pequenino:

Então o meu Bebé fez-me uma careta quando eu passei?

Então o meu Bebé, que disse que me ia escrever ontem, não me escreveu?

Então o Bebé não gosta do Nininho? (Não é por causa da careta, mas por causa de não escrever.)

Olha, Nininha, e agora a sério: achei que tinhas um ar alegre hoje, que mostravas boa disposição. Também pareces ter gostado de ver o Íbis,[1] mas isso não garanto, com medo de errar.

Ainda fazes muita troça do Nininho? (A[lvaro] de C[ampos]).

Não sei se irei amanhã a Belém;[2] o mais provável, como te disse, é que vá. Em todo o caso, já sabes: depois das seis e meia não apareço, de modo que escusas de esperar pelo Íbis para além dessa hora.

---

1 Alcunha de Fernando Pessoa; ver *Eu sou uma antologia* (Pessoa, 2013, pp. 307-312) e *136 pessoas de Pessoa* (2017, pp. 307-312).

2 Na carta de 4 de maio de 1920, Ofélia, que mudou de emprego, escreve que dia 5 deve ir "para o tal escritório de Belém", na rua Vieira Portuense, 33-39, da firma Olímpio Chaves. Para essa "companhia de material de aviação", foi "como tradutora" (Pessoa, 1978, p. 34). Pessoa devia estar participando dos preparativos de viagem dos seus meios-irmãos, que dia 8 viajaram de comboio para Paris, continuando depois para Londres, onde estudariam e, com os anos, fixariam residência.

Ouviste?

Muitos beijos e um braço à roda da cintura do Bebé.

Sempre e muito teu

Fernando.

6/5/1920

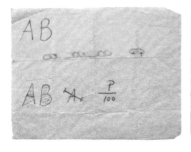

OFÉLIA REVELOU O SIGNIFICADO DA CHARADA:
"UN ABBÉ PLEIN D'APPÉTIT A TRAVERSÉ PARIS SANS SOUPER".
[UM ABADE CHEIO DE APETITE ATRAVESSOU PARIS SEM JANTAR]
MEDIDAS: 10 × 13,5 CM.

27 22-5-1920

Meu Bebé pequenino

Pelo papel[1] vês de onde te estou escrevendo. Refugiei-me aqui da chuva, e, como com isso atrasei várias cousas que tinha que fazer, não poderei ir às seis horas a Belém acompanhar a Nininha até Lisboa.

---

1 Da firma Félix, Valladas & Freitas, Ltd., na rua da Assunção, 42, 2º.

Estou um pouco melhor (de saúde, não de juízo), mas ainda me sinto bastante maldisposto.

Amanhã (salvo doença ou outra cousa que estorve) passo na tua rua entre as onze e as onze e meia. Se o Bebezinho quiser estar à janela, vê o Nininho passar. Se não quiser, não o vê. (É autor desta última frase o meu querido amigo Álvaro de Campos.)

Que pena a fábrica em Belém não ter telefone. Se tivesse, eu poderia avisar-te de que não ia, nos dias em que não pudesse ir; e escusava a Íbis do Íbis de esperar pelo Íbis.[1]

Adeus, Bebé queridinho: muitos beijos do mau do teu e sempre teu

Fernando

22/5/1920

---

28 23-5-1920

Meu Bebezinho pequeno:

Hoje, depois de passar na tua rua, e de te ver, voltei atrás para te perguntar uma cousa; mas tu não apareceste.

O que te queria perguntar era o que fazias amanhã, em vista da greve dos elétricos, que naturalmente não dura só hoje. Não te dispões, com certeza, a ir até Belém a pé? O melhor é escreveres para Belém ao dono da fábrica, explicando por que razão — aliás evidente — tu não vais. Além de ser uma distância enorme para qualquer pessoa, é impossível para ti, que não és forte.

Acabo de escrever este parágrafo, e lembro-me que há comboio para Belém. Irás de comboio, Bebé. E onde tomas o comboio —

---

1 No dia seguinte, os elétricos começaram uma greve que se prolongou até ao fim do mês.

em Santos, no apeadeiro? Talvez te seja difícil encontrar lugar ali, pois muita gente irá do cais do Sodré — a gente que de manhã costuma encher os carros que vão na direção de Belém, e que te torna difícil arranjares lugar de manhã.

Não sei o que faça, Bebezinho. Já perguntei aqui no Café Arcada, de onde te estou escrevendo, mas não sabem as horas dos comboios da linha de Cascais, nem têm horário.

Não queria deixar de te ver, mas também não queria (pois amanhã tenho muito que fazer) perder tempo inutilmente indo procurar-te ou esperar-te a qualquer ponto onde não estejas, ou por onde não passes.

Escreve-me amanhã dizendo qualquer cousa, mas não esquecendo que tenho os dias muito ocupados.

Seja como for, passo amanhã, segunda-feira, na tua rua, ou às dez para as dez e um quarto da manhã, ou — *o que é mais certo* — *às sete e meia da tarde.*

Fica assim combinado, Bebé? Isto, salvo complicações que haja e me impeçam de aparecer.

Muitos beijinhos do teu

23/5/1920

---

29 28-5-1920

Meu Bebé pequenino, minha Nininha:

Acabo agora mesmo de receber e de ler a tua carta de ontem. Apoquentou-me muito, por tua causa, o que me contas, e que eu já esperava que sucedesse, não só por o que tu mesma me tinhas contado, como também por ontem o Osório me ter dito que o rapaz[1] estivera ontem mesmo de manhã no escritório da rua da Assunção. O rapaz foi lá a título de perguntar por mim, e, como eu não estava, fez ao Osório várias perguntas, se eu te namorava, etc., e disse-lhe que me tinha visto contigo, etc., etc.

Naturalmente, se me queria falar, era para qualquer cousa da tal intriga que tu me contaste que ele dizia que faria com cousas que iria contar a qualquer novo namorado teu. Ou, o que é mais provável ainda, foi lá ao escritório sabendo já que eu lá não estava, para, a título de perguntar por mim, fazer ao Osório as tais perguntas.

Seja como for, por mim o assunto não me interessa, e muito menos o rapaz; mas apoquenta-me o que essa trapalhada e tolices dele te ralam, quer diretamente, quer por o que ele disse a teu pai e te vem ralar por intermédio de teu pai.

Vamos aos pontos principais da questão:

Está muito bem, ou quase, o que a tua irmã te aconselhou que dissesses a teu pai.[2] Por esse lado, nada te posso aconselhar, que tua irmã te não tenha aconselhado já. Para a história ficar completa, e ser inteiramente coerente, resta que acrescentes ao que vais dizer a teu pai o seguinte — que não andavas *constantemente* comigo na rua, e que só uma ou outra vez o tinhas feito. Desculpa-te nisto comigo, se quiseres; que, encontrando-me indo na mesma direção, era natural nem mesmo poderes recusar, se quisesses, que eu te acompanhasse. É bom dizeres a teu pai que uma ou outra vez te podiam ter visto comigo quando estavas no Dupin, mas que nessa altura então era a cousa mais natural deste mundo, porquanto, à hora em que saías para almoçar, indo para casa da tua irmã, acontecia muitas vezes vir eu de casa e passar pelo cais do Sodré e rua

---

1 Leia-se Eduardo Cunha.
2 Aconselhou que Ofélia não negasse e dissesse que era um assunto tão recente que ela, por esse motivo, não tinha dito nada ainda em casa.

do Arsenal, onde compro todos os dias jornais ingleses. Isto, dito com jeito (para ressalvar o caso de o rapaz ter dito, ou poder vir a dizer, a teu pai, que já antes de estares em Belém eu andava contigo, e, portanto, antes da ocasião em que vais dizer que eu me declarei¹). Compreendeste bem, Bebé?

Agora, quanto ao rapaz. Este, coitado, dá-me certa vontade de rir, e confesso que chego a ter certa pena do estado mental em que ele deve andar. O rapaz não me preocupa, mas preocupa-me, sim, o que ele te pode ralar. Vou dizer-te o que deves fazer para cortares as vasas ao rapaz.

Como ele te ataca por teu pai, deves indispor teu pai contra ele. Não é preciso nem mentir nem intrigar. Dizes simplesmente duas cousas a teu pai e tens que dizê-las de modo que teu pai tome bem nota delas. A primeira é contar-lhe o que o rapaz te ameaçou de fazer, de desmanchar por intrigas qualquer novo namoro que tivesses, intrigas essas feitas falando ele com o teu novo namorado. Aponta bem a teu pai que essas intrigas só podem ser uma difamação a teu respeito, e pergunta-lhe se acha isso bonito, se se põe do lado de quem te vai difamar, e, estás certa, já te está difamando, visto que começou (mais ou menos) com algumas mentiras falando com ele (teu pai), e que por certo continua essa campanha contra ti, mais à vontade, com outras pessoas, estranhas à tua família, e a quem pode dizer cousas que não se atreveria a dizer a teu pai. Compreendeste? Isto dito *com jeito* cala com certeza no ânimo dele.

A outra cousa é perguntares a teu pai quem te defende de qualquer desfeita que ele te faça indo tu *sozinha* na rua, visto que a atitude e as ameaças dele te levam a recear isso. Faze-te, a este respeito, muito cheia de medo. Nestes casos, e para com um pai,

---

1 Aconteceu a 22 de janeiro de 1920, mas não era essa a data que Ofélia ia confessar.

nada melhor que exagerar, dizer que quase *tens medo de sair só* com receio que ele te faça qualquer partida; que é impossível viveres nesse receio, etc., etc.

Isto, é claro, não adianta nada pelo que me diz respeito a mim, mas adianta no sentido de atrasar o rapaz. Compreendeste também, Nininha pequena?

———————————

Farei o possível por passar hoje às sete e meia. Mas o dia é mau para isso, pois tenho de estar em casa cedo para voltar à Baixa às nove horas, o que hoje tenho que fazer; e, agora sem carros, tudo tem de ser feito com uma grande margem de tempo para ir de um lado para o outro. Nem tempo tenho para dizer mais cousas que te queria dizer nesta carta.

Ficam para outra carta.

Milhares de beijos do teu, sempre e muito teu

Fernando

28/5/1920

30 28-5-1920

Segunda carta.

Querido Bebezinho do Íbis:

A carta, que te escrevi ainda agora e que já deitei no correio, não contém, como no fim dela te disse, tudo quanto eu te queria escrever. O caso é que, quando eu ia quase no fim (felizmente não foi antes) apareceu o primo no Café Arcada, onde eu a estava escrevendo, e onde estou, também, escrevendo esta. Tive que interromper a carta, e fiquei irritado — não com ele, é claro, que, longe de ter culpa, até tinha ficado de aparecer a essa hora (seis), mas com o Destino, que combinara assim tão mal as cousas.

Como nessa carta te digo, eu tinha que estar de volta na Baixa às nove horas. Pois, com a demora do meu primo a falar comigo, dentro em pouco era um quarto para as sete; ele saiu, acabei a tua carta à pressa, deitei-a no correio... e lembrei-me nessa altura que tinha que ir fazer a barba.

Resultado: não tenho tempo para ir a casa jantar e estar de volta na Baixa às nove horas. Por isso voltei ao Arcada para comer qualquer cousa; é do "Arcada" que te estou a escrever.

Bebezinho meu: o que eu te queria dizer na outra carta, e não tive tempo, mas que te digo nesta, é isto, e peço que aprendas bem a lição, e, se me tens amor, que escutes este conselho:

O Destino é uma espécie de pessoa, e deixa de nos ralar se mostramos que não nos importamos com o que ele nos faz. Por isso tu deves ter a força de vontade de *só pensar isto*: gosto do Fernando, *não há mais nada*.

O rapaz, e o que ele diz, trata com desprezo, mas com desprezo autêntico e verdadeiro: não penses nele. Achas difícil? Não admira, porque és muito nova; mas não serás capaz, *pedindo-te eu*, de concentrar o teu espírito numa atitude de indiferença por tudo quanto não seja o teu Nininho? Se não puderes fazer isto, não sabes amar ainda.

Bem sei: apoquentam-te por todos os lados, ralam-te, cansam-te. *Toma conta de ti mesma* (percebes?) e não olhes a nada disso. Gostas de mim, do Íbis, do Nininho?

Eu sou muito nervoso, mas tenho já o espírito educado ao ponto de receber com sangue-frio o pior e o mais complicado.

Se eu fosse dez anos — que digo eu? basta[m] *dois* anos — mais novo, ficava todo atrapalhado com o que me contaste.

Fiquei apoquentado por tua causa, mas *por mim* não imaginas como estou calmo, tranquilo, *em ordem* dentro da minha cabeça.

E gosto imenso de ti, Bebé, acredita, não quer isto dizer que eu te não ame; quer dizer que, nisto tudo, ligo só importância a ti e a mim, não me importando o resto para nada.

Tu és capaz de me fazer um favor? É procurares estar calma, ter desprezo, ter indiferença... Tu estás dando ao rapaz um prazer imenso. Olha: de mim não tira ele prazer nenhum...

Amanhã hei de ver-te. O natural é que vá ter a Belém durante a tua hora de almoço — um pouco do meio-dia em diante. Mas procurarei estar em Santos à hora da tua ida, para combinar contigo.

Não imaginas. Tenho positivamente uma sensação de alegria. É que me estorvam; e eu não desgosto que me estorvem, para eu remover os obstáculos.

Limpa as lágrimas, Bebé meu! Tens hoje do teu lado o meu velho amigo Álvaro de Campos, que em geral tem sido só contra ti. Alegra-te! Só vale a pena o que se consegue com esforço.

Mil beijinhos, beijos e chi-corações do teu, sempre teu

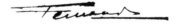

28/5/1920

P.S. Pode ser que, por quaisquer razões contra a minha intenção, eu não possa aparecer de manhã. Nesse caso espera-me em Belém *logo depois do meio-dia*. Espreita o meu aparecimento e sai para me falar.

Não é natural que teu pai esteja, não é verdade? — Quanto ao rapaz, pode estar à vontade, que isso não tem importância.

31 29-5-1920

Meu querido Bebezinho:

Afinal vim a pé de Belém à Estrela. O comboio seguinte saía de Algés ao meio-dia, e eram apenas onze horas quando te deixei. Não estive para esperar por esse comboio, nem por qualquer camião. Meti a caminho até a Calçada das Necessidades (lembras-te dela? e do largo do Rilvas, por onde também passei?),[1] e de ali diretamente à Estrela. Cheguei a casa eram dez para o meio-dia. Ainda assim fui depressa; e o curioso é que não me cansei nada, mas absolutamente nada.

Ainda bem que ficaste hoje mais bem-disposta, ao ver o teu Nininho. O Nininho passa amanhã na tua rua entre as horas combinadas — onze para as onze e meia.

Não sei se hoje me será possível passar à hora que tu indicas no largo de Camões. Em todo o caso, pode bem ser, pois tenho que ir para casa pelo Príncipe Real, e o meu caminho para o Príncipe Real é sempre pela avenida e rua da Alegria. — Verdade seja que não há vantagem em te escrever isto, pois quando receberes esta carta já saberás se me viste ou não hoje a essa hora.

---

1 Evocação do primeiro passeio com Ofélia, a 14 de março de 1920, projetado num bilhete dela da véspera. A partir de dia 14, ela e Pessoa começaram a tratar-se por tu e no dia seguinte, uma segunda-feira, Pessoa adoeceu por causa da angina.

Adeus, Bebé do Nininho.

Muitos e muitos beijos do teu, mto teu

[assinatura]

32 30-5-1920

Meu Bebé querido:

Imagina que, tanto por me ter levantado muito cedo ontem, como por estar realmente fatigado, acordei hoje às onze horas. Fui para a Baixa só ao meio-dia e tal e ao meio-dia e meia hora é que passei na tua rua. Tive muita pena de te não ver, mas não me admirei, é claro, que não estivesses, já a essa hora à janela. Desculpa, sim, Bebé; não foi por culpa minha, mas do meu sono, que faltei à combinação. Naturalmente ver-te-ei amanhã, mas não sei se poderei ir até Belém; o mais provável é ir a Santos. Em todo o caso, o outro processo é preferível.

As condições em que estou escrevendo esta carta, aqui em minha casa, mas com meu primo a passear à roda de mim, não são muito boas. Por isso aproveito um momento em que ele não está aqui mesmo perto para te enviar muitos e muitos beijinhos.

Teu, sempre teu

[assinatura]

30/5/1920
Domingo

33 31-5-1920

Bebezinho do Nininho-ninho:

Oh!

Venho só quevê pâ dizê ó Bebezinho que gotei muito da catinha dela. Oh!

E também tive muita pena de não tá ó pé do Bebé pâ le dá
jinhos.

Oh! O Nininho é pequenininho!

Hoje o Nininho não vai a Belém porque, como não sabia se
havia carros, combinou tá aqui às seis óas.

Amanhã, a não sê qu'o Nininho não possa é que sai daqui pelas
cinco e meia ⟮ ← (isto é a *meia* das cinco e meia).

Amanhã o Bebé espera pelo Nininho, sim? Em Belém, sim?
Sim?

Jinhos, jinhos e mais jinhos

Fernando

31/5/1920

34 4-6-1920

Meu Bebé Nininha:

O que é que te sucedeu aos nervos entre o princípio e o fim da
tua cartinha? Começaste bem, e alegre; e acabaste triste.

Foi pensares na "escrava" perdida?[1] Foi pensares no tal sonho,
a meu respeito, com que pareces ter-te preocupado tanto? Não te
mostres tão preocupada, Bebezinho, que o Nininho não gosta disso!

---

1 Ofélia refere, em carta do dia anterior, ter esquecido uma escrava verde em cima do balcão de uma loja. Acabou por aparecer, porque a tinham guardado caso a cliente regressasse.

Amanhã, de Belém para Lisboa, contarás tudo ao Íbis, sim? E promete desde já (a ti mesma, que eu, infelizmente, não estarei presente quando receberes esta carta) ficares mais bem-disposta.

Pode ser que na loja, onde foste, encontrassem a "escrava". Pergunta lá hoje, ou amanhã, se vieres à Baixa.

O Nininho faz-te nervoso? Mas de [que] é o nervoso, de que, apesar de tudo, o Nininho não é culpado? É nervoso *de gostar*, é de sentir amor pelo Nininho? Quem me dera que fosse!

Muitos beijos, muitos do teu, muito teu

Lisboa, 4 de junho de 1920

35 11-6-1920

Meu Bebezinho querido:

Então o meu Bebé não ficou ontem descontente com o Íbis? Então ontem achou o Íbis meigo e digno de jinhos? Ainda bem, porque o Íbis não gosta que a Nininha fique zangada ou triste com ele, porque o Íbis, e mesmo o Álvaro de Campos, gosta muito, muito do seu Bebezinho.

Olha, Nininha: hoje estou muito aborrecido; não é bem o que se chama maldisposto, mas apenas o que se chama *aborrecido*. Hoje sentir-me-ia muito melhor se pudesse contar com ir logo ver a Nininha, e vir para baixo de Belém com ela, e sem o Álvaro de Campos; que ela, naturalmente, não gostaria que esse distinto engenheiro aparecesse.

Nininha do Íbis; eu estou muito aborrecido; principalmente, porque as cousas da minha vida, o que tenho preparado e estudado para uma, e mesmo mais que uma, empresa se me está atrasando tudo. Não digo que esteja correndo mal; está simplesmente atrasado, *não corre* nem de um modo nem de outro, nem mal nem bem.

Depois, entre os rapazes com quem me dou, e a quem esta empresa,[1] ou estas empresas, interessariam tanto como a mim interessam, não encontro apoio nenhum; quero dizer, não encontro vontade nenhuma de conjugarem os seus esforços com os meus para a realização dessas ideias. Querem, em geral, que eu faça tudo — que eu, além de ter as ideias e indicar a maneira de organizar, me ocupe também de arranjar os capitães, e de fazer quanto mais é preciso para pôr a empresa em marcha. Eles depois só apareceriam para ter lugares na empresa, o que é realmente cómodo, mas não representa grande camaradagem.

Ora, realmente, nestas cousas, cada um deve ter o seu papel marcado. Eu, com a organização da ideia e com os estudos para a montagem da empresa, cumpri o meu papel, e não fiz pouco, pois fiz o principal, que é arranjar as bases para o trabalho. Querer que eu faça tudo o resto também é como querer que o mesmo indivíduo, num escritório, seja chefe do escritório, guarda-livros, dactilógrafo, e praticante para levar as cartas.

Não sei se estas cousas te interessam, filhinha. Se tas digo, é para, de certo modo, dizendo-as, aliviar um pouco o meu mal--estar. Naturalmente maço-te com isto tudo; mas, afinal, são

---

1 António Mega Ferreira, que comenta esta carta em *Fazer pela vida*, escreve: "O que seria essa empresa, se é que se tratava já do projeto que viria a ganhar corpo com a Olisipo? Em primeiro lugar, uma editora, a sua editora (em todos os sentidos, como adiante veremos); mas Pessoa tinha outras ambições profissionais na vida. Desde há muitos anos que, por influência do primo Mário Nogueira de Freitas, o Poeta se interessava pelo negócio das minas, recolhendo material, acumulando contactos e identificando oportunidades de negócio"; daí que as três vertentes das atividades projetadas da empresa fossem: "a 'editoria', incluindo direção, publicidade e vendas; 'todos os assuntos relativos à propaganda de produtos portugueses', incluindo a 'montagem de novas indústrias' — e isso seria a Companhia de Produtos Portugueses; finalmente, 'todos os outros assuntos tratados individualmente', desde os de venda de patentes em nome individual aos de 'importação especial' e aos ocasionais 'conforme convenha ou calhe'" (Ferreira, 2005, p. 75). Este trecho faz parte de um capítulo dedicado à Olisipo.

cousas que sempre têm alguma cousa que ver com o teu futuro, porque têm que ver com o meu.

Não quero com isto dizer que eu esteja em qualquer cousa como o que se chama uma *situação aflitiva*. Não: quem tem casa e família, não pode estar em uma situação dessas. O mal está em sentir a vida parada, e é mais relativo ao futuro que ao presente, ou, antes, só ao presente por causa do futuro.

Eu sei bem que esta situação se resolverá; e sei, tão bem como o tal homem das cartas que me atribuiu um futuro próspero, que na verdade terei um futuro próspero, assim como que esse futuro próspero não começará — não digo em pleno, mas pelo menos em relativa prosperidade — de aqui a muito tempo.

Há momentos, dias, porém, em que desanimo mais; e o dia de hoje é um desses dias, e o momento atual um desses momentos. Hoje, na verdade, tinha imensa vontade de falar contigo, não para te maçar com estas cousas, mas para te ver e, estando ao pé de ti, me sentir mais tranquilo.

Enfim, amorzinho, fica para amanhã. Lá estarei pelas seis horas.

Muitos e muitos beijos do teu, muito e cada vez mais teu

11/6/1920

36 13-6-1920

Meu querido Bebezinho:

Hoje não recebi carta tua, mas — é claro — não me admirei, porque já sabia pela tua carta de ontem (a que me entregaste no carro) que não terias naturalmente tempo de me escrever.

Como esta carta te chega às mãos amanhã[1] de manhã, quero mandar ao meu Bebé muitos e muitos parabéns, muitos beijinhos, e desejar que ela seja muito e muito feliz, que muitas vezes o aniversário se repita com o Bebé sempre contente.

O engraçado era que ao ano que vem *eu já te pudesse dar estes parabéns de manhã, antes de me levantar*. Percebes, Nininha?

Muitos beijos, muitíssimos do teu, muito teu

13/6/1920

PESSOA OFERECEU A OFÉLIA, POR CAUSA DO SEU ANIVERSÁRIO,
ESTE MEDALHÃO EM PRATA E TRABALHO EM ESMALTE COM FIGURAS
DE QUATRO GATINHOS. VINHA NUMA CAIXA DE CARTÃO COM LETRAS AZUIS:
"A. D. ABREU LTD.". NO INTERIOR, NÃO TRAZIA UMA FOTOGRAFIA DE PESSOA,
EMBORA OFÉLIA TIVESSE PEDIDO UMA MUITAS VEZES.

---

1 Ofélia fazia anos a 14, Pessoa a 13. Ela enviou um postal dia 13, para também dar os parabéns, mas esse postal e um bilhete chegaram no dia seguinte.

37 17-6-1920

Meu Bebezinho,

Duas palavras só, que não tenho tempo para mais; é só para te explicar a minha ausência.

Está em organização uma das empresas de que te falei há dias. Não tenho tido mãos a medir com o trabalho que me está dando. Claro que nem por sombras me tem sido possível aparecer em Belém; e quanto a escrever, mais impossível ainda.

Além disto, ao tratar de todos estes assuntos ando doente, de modo que o cansaço ainda é maior.

Só apareço *depois de amanhã*, sábado 19 em Belém à hora do costume.

Desculpa-me, e ao papel em que te estou escrevendo.

Muitos beijos, muitos do teu

17/06/1920

38 19-6-1920

Meu Bebé pequenino:

Ainda talvez podia ir esperar-te lá acima, mas não me disseste *onde*, nem me dás a certeza das horas. Não quis telefonar-te por duas razões — a primeira porque é desagradável telefonar assim, mesmo dando um recado fingido, para uma casa onde é o teu primeiro dia; depois, porque não tenho telefone, de onde fale sem me ouvirem, e não quero falar-te de modo que outros ouçam. Os três telefones, onde às vezes falo, são, um no Café Arcada, e aí falar é falar em público; outro na Papelaria Vieira,[1] que está nas mesmas condições; o terceiro num escritório onde vou e esse telefone é no meio do quarto principal, onde estão os empregados.

Aguardo pois, combinação melhor e ocasião propícia para te falar e te ir esperar para os lados da av. Almirante Reis.[2]

A empresa continua em organização. Eu estou mal de saúde e de nervos, mas isso não tem importância. Mal tenho tempo para escrever.

Amanhã passo na tua rua, vindo da Baixa e partindo do lado do Conde Barão, entre o meio-dia e meia hora e a uma hora.[3]

Adeus, minha Íbis. Além de tudo estou muito cansado.

Muitos beijos do teu, muito teu

Fernando.

19/6/1920

39 2-7-1920

Bebezinho querido:

Sobressaltou-me a tua carta, e apoquentou-me imenso. O que é que tu tens? Andas agora sempre doente, sempre triste, sempre misteriosa! Nem posso simplesmente apoquentar-me a teu respeito; tenho por força que juntar a essa apoquentação dúvidas, receios vários, cousas por vezes horríveis...

---

1 Trata-se da futura Papelaria da Moda, fundada em 1915 por António Pina Vieira. Ficava na rua do Ouro, números 167-169.

2 Ofélia passaria a trabalhar num escritório na rua Morais Soares. Na carta de 17 de junho indica a morada: "r. Morais Soares 166 в telefone 2273, Nova Metalúrgica Braz, Henriques e Cia., Ltd.".

3 Anota Manuela Parreira da Silva: "Os pais de Ofélia, de origem algarvia, viviam na rua dos Poiais de S. Bento, na esquina com a rua Caetano Palha, perto, pois, do Conde Barão. Aqui, tinha o pai, que negociava em frutos secos, um armazém" (Pessoa e Queiroz, 2012, p. 85).

Agora não digo mais. Deixaste-me apoquentado de diversas maneiras; mas sobretudo por causa dessa misteriosa doença...[1]

Desejo muito as tuas melhoras. Oxalá eu te possa ver e falar amanhã.

Muitos beijos do teu, muito teu

Fernando.

---

40 17-7-1920

Meu Íbis chamado Ofélia:

Pasma, ente pequeno e péssimo! Aqui te estou escrevendo, contra meu hábito, uso e costume! Parece impossível — mas não há dúvida. A pena corre sobre o papel, tem tinta, e por isso produz letras. Essas letras formam palavras... mas (diga-se a verdade) essas palavras não têm um sentido por aí além.

Íbis do Íbis: quero jinhos, quero muitos jinhos. Tenho fome de jinhos, tenho sede de jinhos, [tenho] sono de jinhos. Só jinhos é que não tenho.

Amanhã, à uma hora, passo pela tua casa, como está combinado. Creio que me conhecerás; mas é possível que eu passe disfarçado de vendedor de cautelas, ou de mão de vaca, ou de carroça por consertar. Não sei ainda. Se tiver juízo, irei por meu pé. Se não tiver juízo, irei por meu juízo.

Sabes que estou quase pensando em que terei, afinal, tempo de te ir esperar? Se verificar que sim, levo eu mesmo esta carta, e entrego à Íbis do Íbis da Íbis do Íbis.

---

1 Talvez relacionada com o ciclo menstrual. A 3 de julho, Ofélia escreve que a sua doença "nada tem de mistério, os mistérios faço-os eu por não ser uma coisa muito natural de se dizer" (Queiroz, 2012, p. 162; de uma carta que se manteve inédita até 2012).

O mais natural, porém, é que (o contrário do que está acima). Nesse caso esta carta irá ter a casa da tua irmã. Mandá-la-ei por alguém, pois é tarde demais para a deitar no correio.

Tu, hoje e amanhã, se tiveres ocasião e te quiseres lembrar de um certo Íbis que gosta um tanto ou quanto de ti, faz o possível por te lembrar. Sim, Nininha do Nininho do Bebé do Íbis da Vespa do

Fernando.

Jinhos × um milhão.

---

41 31-7-1920

Querida Íbis:

Desculpa o papel impróprio em que te escrevo; é o único que encontrei na pasta, e aqui no Café Arcada não têm papel. Mas não te importas não?

Acabo de receber a tua carta com o postal, que acho muito engraçado.[1]

Ontem foi — não é verdade? — uma coincidência engraçadíssima o facto de eu e minha irmã virmos para a Baixa exatamente ao mesmo tempo que tu. O que não teve graça foi tu desapareceres, apesar dos sinais que eu te fiz. Eu fui apenas deixar minha irmã ao Av. Palace,[2] para ela ir fazer umas compras e dar um passeio com a mãe e a irmã do rapaz belga que aí está. Eu saí quase imediatamente, e esperava encontrar-te ali próximo para falarmos. Não quiseste. Tanta pressa tiveste de ir para casa de tua irmã!

---

1 Em carta de 29 de julho, Ofélia escreve: "Este postal é os nossos petits Íbis a seguirem-nos o exemplo" (Queiroz, 2012, p. 169; cf. Queiroz, 1996, p. 166 [fac-símile]; no postal figuram, beijando-se numa floresta, uma menina e um menino).

2 O Hotel Avenida Palace foi construído entre 1890 e 1892, num terreno ao lado da Estação Ferroviária do Rossio.

E, ainda por cima, quando saí do hotel, vejo a janela de casa de tua irmã armada em camarote (com cadeiras suplementares) para o espetáculo de me ver passar! Claro está que, tendo visto isto, segui o meu caminho como se ali não estivesse ninguém. Quando eu pretendesse ser palhaço (para o que, aliás, o meu feitio natural pouco serve) oferecia-me diretamente ao Coliseu.[1] Era o que faltava agora! Que eu tolerasse a brincadeira de ser dado *en spectacle* para a família!

Se não havia maneira de evitar estares à janela com 148 pessoas, não estivesses. Já que não quiseste esperar-me ou falar--me, ao menos tivesses a cortesia — já que não podias aparecer *só* à janela — *de não aparecer.*

Ora eu não posso estar a explicar-te estas cousas. Se o teu coração (supondo a existência desse senhor) ou a tua intuição te não ensinam instintivamente estas cousas, eu, por mim, não posso constituir-me em teu professor delas.

Quando me dizes que o que mais desejas é que eu case contigo, é pena que me não expliques que tenho ao mesmo tempo que casar com tua irmã, teu cunhado, teu sobrinho e não sei quantos fregueses da tua irmã.

Sempre e muito teu

31/7/1920

---

1 Em princípio, o Coliseu dos Recreios, inaugurado a 14 de agosto de 1890, e não o Real Coliseu de Lisboa, na rua da Palma.

Esta carta foi escrita no esquecimento de que tu costumas mostrar as minhas cartas a toda a gente. Se me tivesse lembrado disso — acredita — eu tê-la-ia suavizado um pouco. Mas agora já é tarde; não importa. De resto, nada importa.

42 2-8-1920

Querida Nininha pequena:

Estarei *no Conde Barão*[1] à tua espera das oito às oito e meia. Estou escrevendo de onde vês pelo papel, e o Osório vai fazer-me o favor de te levar isto, a casa da tua irmã.

Olha: estarei no Conde Barão, mas *no recanto da Padaria Inglesa*[2] entre as duas horas citadas, que, creio, te serão convenientes.

Sempre e muito teu,

2/8/1920

---

1 Pessoa desenha uma seta na diagonal, por cima das linhas seguintes, a apontar de "Barão" para "estarei".

2 Estabelecida na rua Cais do Tojo, 15 (apud Ana Marques Pereira, http://garfadasonline.blogspot.com/).

PAPEL TIMBRADO DA FIRMA ONDE PESSOA CONHECEU OFÉLIA.

43 13-8-1920

Bebé pequeno:

Estive hoje até às 12:30 na av. das Cortes,[1] apesar de não ter ainda recebido o teu postal. E afinal tu não surgiste. Amanhã, sábado, 14, estarei no mesmo sítio ao meio-dia.

O único papel que tenho para escrever é este.

Sempre teu

13-8-1920

---

1 Essa artéria, após a implantação da República, foi nomeada avenida das Cortes, mas passou a ser avenida do Presidente Wilson em 1918, até 1948, quando voltou a ter o nome avenida D. Carlos I (cf. https://toponimialisboa.wordpress.com/).

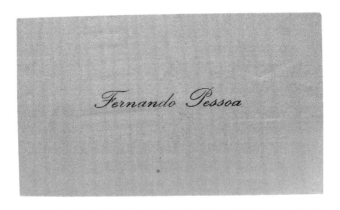

CARTÃO UTILIZADO PARA ENVIAR UMA NOTA A OFÉLIA.

44 15-8-1920

Domingo
15/8/1920

Víbora:

Recebi a tua carta má, e, na verdade, não percebo como foi que não nos encontrámos nem ontem nem antes de ontem.

Diferença de relógios? Não creio, porque não notei, quer num dia quer noutro, ao chegar à Baixa, que o meu relógio estivesse tão errado.

Escrevo-te só estas linhas para te dizer que estarei amanhã ao meio-dia em ponto no fim da av. das Cortes. Vais ao escritório[1] da r. da Vitória à uma. Isto deve dar-te tempo. O pior é se vais acompanhada. Em todo o caso esperar-te-ei até às doze e um quarto.

Oxalá estejas melhor; mas isso não é desgosto, é viboridade, ou seja maldade.

Sempre e muito teu

Estou escrevendo do Café Arcada ao meio-dia e três quartos. Por isso escrevo pouco (*contra o meu costume*) para ver se passo na tua rua não muito longe da uma hora.

---

45 18-8-1920

Bebé Nininha?

Fiquei hoje não só aborrecido, como também apoquentado. Não te encontrei em Belém, e não sei se foi por não teres podido esperar, por já te teres ido embora (supondo que eu não viria) ou se por estares doente.

Como te disse ontem, era provável eu chegar hoje mais tarde. Cheguei quase às seis e meia; faltavam dois ou três minutos.

---

1 O da firma Frederico Ferreira & Ávila, Ltd. (comissões, consignações e conta própria).

Esperei dez minutos, e, como não apareceste, calculei qualquer das causas que acima te digo.

Vou passar agora pelo largo de Camões; oxalá te veja à janela de casa de tua irmã.

Esta carta é deitada no correio antes: aqui no Terreiro do Paço. Estou escrevendo no Café Arcada: por isso o papel é este, e o sobrescrito um que eu tinha na pasta, feito à máquina para ti.

Muitos beijos do teu e sempre teu

18/8/1920[1]

46 15-10-1920

Bebezinho:

Tens mais que milhares — tens milhões — de razões para estares zangada, irritada, ofendida comigo. Mas a culpa mal tem sido minha; tem sido daquele destino que acaba de me condenar o cérebro, não direi definitivamente, mas, pelo menos, a um estado que exige um tratamento cuidado, como não sei se poderei ter.

Tenciono (sem aplicar agora o célebre decreto de 11 de maio)[2] ir para uma casa de saúde para o mês que vem, para ver se encontro ali um certo tratamento que me permita resistir à onda negra que me

---

1 Ofélia escreveu cinco cartas para Pessoa entre 22 e 31 de agosto, nove entre 1º e 21 de setembro e quatro entre 1º e 14 de outubro. A 2 de setembro, Pessoa terá começado a "habitar", por poucos meses, um novo escritório da firma Olisipo, admitindo ainda a hipótese de uma viagem a Londres. A 8 de outubro, Ofélia, que já se encontra menos com Pessoa, escreve-lhe: "Fez hoje um ano querido amor, que nos falámos pela primeira vez, e bem longe estava de te chegar a desejar para meu marido como desejo! O *maior desejo* que eu atualmente tenho" (Pessoa e Queiroz, 2013, p. 192).

2 Um decreto com força de lei, de 1911, que regulamentava o internamento ou autointernamento de pessoas em instituições psiquiátricas. Ver Pizarro (2012, pp. 244-252).

está caindo sobre o espírito. Não sei o resultado do tratamento — isto é, não antevejo bem qual possa ser.

Nunca esperes por mim; se te aparecer será de manhã, quando vais para o escritório, no Poço Novo.

Não te preocupes.

Afinal o que foi? Trocaram-me pelo Álvaro de Campos![1]

Sempre muito teu

Fernando

15/10/1920

---

47 29-11-1920

Ofelinha:

Agradeço a tua carta.[2] Ela trouxe-me pena e alívio ao mesmo tempo. Pena, porque estas cousas fazem sempre pena; alívio, porque, na verdade, a única solução é essa — o não prolongarmos mais uma situação que não tem já a justificação do amor, nem de uma parte nem de outra. Da minha, ao menos, fica uma estima profunda, uma amizade inalterável. Não me nega a Ofelinha outro tanto, não é verdade?

---

1 Note-se que a carta data do suposto dia de aniversário de Álvaro de Campos.

2 De 27 de novembro, depois de outras cinco cartas (24, 29 e 31 de outubro; 7 e 14 de novembro), sem resposta escrita, mas que referem encontros; na carta do dia 27, num tom mais duro, Ofélia escreve que há quatro dias não tem notícias do "senhor", e toma a decisão que ele não seria, segundo ela, capaz de tomar: "Não sou o seu ideal, compreendo-o claramente, unicamente o que lastimo é que só quase ao fim de um ano o sr. o tenha compreendido". A carta termina com um acróstico, a partir do nome Fernando Pessoa, em que ela se pergunta, quase com sarcasmo, os motivos pelos quais ele, que lhe ofereceu tantas vezes rebuçados e bombons, considerava (nuns versos antigos) não serem os bombons, embora doces, "para si".

Nem a Ofelinha, nem eu, temos culpa nisto. Só o Destino teria culpa, se o Destino fosse gente, a quem culpas se atribuíssem.

O Tempo, que envelhece as faces e os cabelos, envelhece também, mas mais depressa ainda, as afeições violentas. A maioria da gente, porque é estúpida, consegue não dar por isso, e julga que ainda ama porque contraiu o hábito de se sentir a amar. Se assim não fosse, não havia gente feliz no mundo. As criaturas superiores, porém, são privadas da possibilidade dessa ilusão, porque nem podem crer que o amor dure, nem, quando o sentem acabado, se enganam tomando por ele a estima, ou a gratidão, que ele deixou.

Estas cousas fazem sofrer, mas o sofrimento passa. Se a vida, que é tudo, passa por fim, como não hão de passar o amor e a dor, e todas as mais cousas, que não são mais que partes da vida?

Na sua carta é injusta para comigo, mas compreendo e desculpo; decerto a escreveu com irritação, talvez mesmo com mágoa, mas a maioria da gente — homens ou mulheres — escreveria, no seu caso, num tom ainda mais acerbo, e em termos ainda mais injustos. Mas a Ofelinha tem um feitio ótimo, e mesmo a sua irritação não consegue ter maldade. Quando casar, se não tiver a felicidade que merece, por certo que não será sua a culpa.

Quanto a mim...

O amor passou. Mas conservo-lhe uma afeição inalterável, e não esquecerei nunca — nunca, creia — nem a sua figurinha engraçada e os seus modos de pequenina, nem a sua ternura, a sua dedicação, a sua índole amorável. Pode ser que me engane, e que estas qualidades, que lhe atribuo, fossem uma ilusão minha; mas nem creio que fossem, nem, a terem sido, seria desprimor para mim que lhas atribuísse.

Não sei o que quer que lhe devolva — cartas ou que mais. Eu preferia não lhe devolver nada, e conservar as suas cartinhas como memória viva de um passado morto, como todos os passados;[1] como alguma cousa de comovedor numa vida, como a minha, em que o progresso nos anos é par do progresso na infelicidade e na desilusão.

Peço que não faça como a gente vulgar, que é sempre reles; que não me volte a cara quando passo por si, nem tenha de mim uma recordação em que entre o rancor. Fiquemos, um perante o outro, como dois conhecidos desde a infância, que se amaram um pouco quando meninos, e, embora na vida adulta sigam outras afeições e outros caminhos, conservam sempre, num escaninho da alma, a memória profunda do seu amor antigo e inútil.

Que isto de "outras afeições" e de "outros caminhos" é consigo, Ofelinha, e não comigo. O meu destino pertence a outra Lei, de cuja existência a Ofelinha nem sabe, e está subordinado cada vez mais à obediência a Mestres que não permitem nem perdoam.

Não é necessário que compreenda isto. Basta que me conserve com carinho na sua lembrança, como eu, inalteravelmente, a conservarei na minha.

Fernando

29/11/1920

---

1 Esta passagem pode lembrar trechos do *Livro do desassossego*. Ver, por exemplo, "Oh, o passado morto que eu trago comigo e nunca esteve senão comigo!" (Pessoa, 2017 e 2023, p. 138).

CAIXA DE BOMBONS FINOS, 19,2 × 12,5 × 4 CM
FITA DE TIPO DE RENDA FRANCESA, 3 × 107 CM
NA TAMPA, A CAIXA LEVA A SEGUINTE NOTA, ESCRITA PELO PUNHO DE OFÉLIA:
"PARA O CARLOS, DA OFÉLIA AS CARTAS DO FERNANDO PESSOA".

7/119

66C-70

95

CARTAS DE AMOR

TESTEMUNHO MANUSCRITO DOS VERSOS QUE OFÉLIA TERÁ ENCONTRADO UM DIA NUMA CAIXA DE BOMBONS: "BOMBOM É UM DOCE | OUVI DIZER | NÃO QUE ISSO FOSSE | BOM DE SABER | O DOCE, ENFIM, | NÃO É PARA MIM" (BNP/E3, 66C-70^r). VEJA-SE O MESMO TESTEMUNHO NA SEÇÃO "ALGUNS POEMAS".

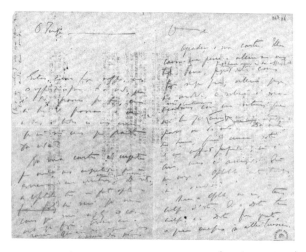

RASCUNHO DA ÚLTIMA CARTA DE PESSOA DE 1920 (BNP/E3, 114³-86ʳ).
CF. SEVERINO E JENNINGS (2013).

O[feli]nha

Agradeço a sua carta. Ela causou-me pena e alívio ao mesmo tempo. Pena, porque [↑ qdo houver amor e há afeição] estas cousas fazem sempre pena; alívio porque, na verdade, a solução é essa — acabarmos [↑ não continuarmos] com uma situação que não tem já amor [↑ <mais †> a justificação do amor] nem de uma parte nem de outra. Da minha, ao menos, fica uma estima e uma afeição profunda; não é amor, mas é amizade. Não me nega a Ofelinha outro tanto, não é verdade?

Nem a Ofelinha, nem eu, temos culpa disto. Só o Destino teria culpa, se o Destino fosse gente, a quem culpas se atribuíssem.

O Tempo ◊

Estas cousas fazem sofrer, mas o sofrimento passa. Se a vida, que é tudo, passa por fim, como não há de passar o amor, e a dor, e todas as mais cousas, que não são mais que partes da vida?

E a gente é tão absurda que eu, que acho esta solução não só a melhor, como até a unica, tenho pena. O nosso amor estava já tão doente, que não podiamos desejar-lhe senão a morte.

I have wished so oft this mockery might end
Of love between us! And it's ended now
Yet I cannot xxtaxxx even to myself pretend
That the wished thing achieved gives joy enow.

Every going is a parting too.
Our happiest day xxxxx xx xxxxeth us one day older.
Xxxxxxxxxxxxxxxxxxxxxxxxx
To get stars we must have darkness also,
The fresher hour is xxxx likewise the colder.

I dare not hesitate not to accept
Thy separating letter, yet I wish
With some vague jealousy I scarce reject
That things were fitted for a different stretch.

Farewell! Yet do I smile at this or not?
My feeling now is lost in thought.

28/XI/1920.

        Assim faria toda a gente. Não o façamos nós. As cou-
sas que toda a gente faz são sempre ordinarias.

I cannot well deceive me that there was
In my love nobleness, even though ill.
Now that the tunnel through which I did pass
Yields to the glaring day, I can instil
Into my thought a wonder how I could
Suppose that way to be a place of staying;
Thus being a fool in the way all men should,
Yet not the complete fool to take no naying (!!!)

CONTINUAÇÃO DA ÚLTIMA CARTA. TRECHOS INTERCALADOS
COM POEMAS E APONTAMENTOS (BNP/E3, 114^a-86^v).

Na sua carta é injusta para mim, mas compreendo que a escrevesse com irritação, [↑ mesmo talvez com mágoa]. De resto, a Ofelinha tem um feitio ótimo e <fará feliz> não será por sua causa que será infeliz o casamento que fizer. Escreveu com o rancor que era de esperar, mas a maioria das pessoas, [← (homens ou mulheres) no seu caso, escreveria ainda com mais].

Assim faria toda a gente. Não o façamos nós. As cousas que *toda* a gente faz são *sempre* ordinárias. [→ Espero que, quando me encontre, me não volte a cara, e que deixe que a continue tratando por Ofelinha, como com pessoa <†> {↑ conhecida} da infância.] [→ Dá-me licença que conserve as suas cartas? Sabe bem que a razão que faz devolver {↑ *em *geral} cartas de amor não existe comigo? Quero <†> [↑ ter de si] esta recordação guardada. Seria, ao menos, uma memória visual, num futuro que {← me não parece que seja feliz.}]

Quer fazer-me o favor da sua amizade? Não mo nega, não?

Eu não lhe fiz mal; e se, a fiz sofrer, foi por um erro — o meu erro pelo que a fiz sofrer, sem culpa mas tantas vezes.

E a gente é tão absurda que eu, que acho esta solução não só a melhor, como até a única, tenho pena. [↑ Creio mesmo que no futuro me agradecerá de ter achado boa a sua solução. Afinal, não só boa mas a única.] O nosso amor estava já doente, que não podíamos desejar-lhe senão a morte. [↓ Mas a morte, ainda que a gente a confesse boa, é sempre má por sua natureza. E mais choramos, sobre {↑ a morte de} quem não desejamos ver vivo, para que não sofra.]

Adeus, O[feli]nha. Tenho para si eternamente um canto do meu coração; com gratidão e com ternura o tenho. Talvez não acredite ainda, que está ferida e magoada, mas um dia acreditará. Um último beijo do

I have wished so oft this mockery might end
Of love between us! And it's ended now
Yet I cannot <unto my> even to myself pretend
That the wished thing achieved gives joy enow.

Every going is a parting too.
Our happiest day <makes us maketh> [↑ doth make]

[us one day older.
<We cannot get the stars save>
To get stars we must have darkness also,
The fresher hour is likewise the colder.

I dare not hesitate not to accept
Thy separating letter, yet I wish [→ would] [→ (mood, could)]
With some vague jealousy I scarce reject
That things were fitted for a different stretch. [→ That we were]
[↓ hearts from Fate a better peace might fetch]

Farewell! Yet do I smile at this or not?
My feeling now is lost in thought.

28/11/1920

I cannot well deceive me that there was
In my love nobleness, even though ill.
Now that the tunnel through which I did pass
Yields to the glaring day, I can instill
Into my thought a wonder how I could
Suppose that way to be a place of staying;
Thus being a fool in the way all men should,
Yet not the complete fool to take no naying (!!!)

[TRAD.]

Tanto esperei que se acabasse a troça
Do nosso amor! E agora se acabou,
Mas nem por isso a mim fingindo eu possa
Gozar do que se quis e se logrou.

Cada ida também é uma despedida.
O dia alegre já envelhece um dia.
Pra haver estrela, a treva é requerida.
A hora mais fresca é igualmente fria.

Não me atrevo a hesitar em aceitar
Tua carta de separação, mas rogo
Com ciúmes que tento rejeitar
Que os corações encontrem paz mais logo.

Adeus! Sorrio ou não? Eis a questão.
Em pensamentos perco a sensação.[1]

28/11/1920

Não posso convencer-me de que houvesse
No meu amor nobreza, mesmo doente.
Agora que esse túnel se esvaece
E dá lugar ao dia encandeante,
Fico a admirar-me como pude crer
Que a via fosse um sítio onde eu ficasse;
Sendo pois tolo como se há de ser,
Mas não tão tolo que não se negasse.

---

1 Soneto. Versão em português por Carlos A. Pittella.

FOTOGRAFIA NO ABEL (NUMA SUCURSAL DA CASA ABEL PEREIRA DA FONSECA) QUE PESSOA OFERECEU A CARLOS QUEIROZ. "CARLOS: ISTO SOU EU NO ABEL, ISTO É PRÓXIMO JÁ DO PARAÍSO TERRESTRE, ALIÁS PERDIDO. FERNANDO 2/IX/1929". 7,8 × 5,3 CM.

FOTOGRAFIA NO ABEL QUE PESSOA OFERECEU A OFÉLIA QUEIROZ. TERÁ SIDO TIRADA POR MANUEL MARTINS DA HORA. 7,8× 5,3 CM.

VERSOS DE PESSOA SOBRE O CÉLEBRE ABEL (BNP/E3, 124A-59),
LOCAL QUE OFÉLIA LHE PEDIA SEMPRE QUE NÃO FREQUENTASSE.

Se quiser ver o túnel
Vá todos os dias ao Abel

99 são as sucursais
Que há em Lisboa nada mais

Para não lhe doer o dente
Vá ao Abel tomar aguardente

Quando estiver forte d'algibeiras
Vá ao Abel — Largo das Torneiras

Todos os dias ao anoitecer
Vá ao Abel pra não esquecer

SE quiser ser sorridente
Vá ao Abel tomar aguardente.

48 11-9-1929

Ofelinha:

Gostei do coração da sua carta,[1] e realmente não vejo que a fotografia de qualquer meliante, ainda que esse meliante seja o irmão gémeo que não tenho, forme motivo para agradecimentos. Então uma sombra bêbada ocupa lugar nas lembranças?[2]

Ao meu exílio, que sou eu mesmo, a sua carta chegou como uma alegria lá de casa, e sou eu que tenho de agradecer, pequenina.

Já agora uso a ocasião e peço-lhe desculpa de três coisas, que são a mesma coisa, e de que não tive culpa. Por três vezes a encontrei e a não cumprimentei, porque não a vi bem ou, antes, a tempo. Uma vez foi já há muito, na rua do Ouro e à noite; ia a Ofelinha com um rapaz que supus seu noivo, ou namorado, mas realmente não sei se era o que era justo que fosse. As duas outras vezes foram recentes, e no carro em que ambos seguíamos no sentido que acaba na Estrela. Vi-a, uma das vezes, só de soslaio, e os desgraçados que usam óculos têm o soslaio imperfeito.

Outra coisa... Não, não é nada, boca doce...

Fernando.

11/9/1929

---

1 De dia 9 de setembro de 1929.
2 Na carta, Ofélia tinha escrito agradecendo por uma fotografia em que Pessoa bebe vinho "em flagrante delito". Carlos Queiroz, o seu sobrinho, já tinha uma, e ela queria outra idêntica; e ele obteve-a. Ofélia termina indicando que teria alegria em receber notícias do tal "meliante", e deixa-lhe a morada: praça D. João da Câmara, isto é, o antigo largo de Camões, defronte da estação do Rossio, e onde ficava o Café Suisso. Nesse largo, Ofélia vivia então com a mãe do seu sobrinho, a sua irmã Joaquina.

49 14-9-1929

Pequenina:

Gostei muito da sua carta, mas gostei ainda mais do que veio antes da carta, que foi a sua própria pessoa. Enfim, a viagem entre o Rossio e a Estrela, que não costuma ser uma coisa muito transatlântica de beleza, foi ontem duas vezes agradável, salvo ao fim da segunda vez, porque, por ontem, acabou ali. Se tivesse sido, em vez de transatlântica, transindiana[1] (curiosa e inexplicável expressão!) teria sido preferível até ao preferível a tudo que foi. É exatamente isto que me pergunta, e a que respondo.[2]

Não sei escrever cartas grandes. Escrevo tanto por obrigação e por maldição, que chego a ter horror a escrever para qualquer fim útil ou agradável.

Prefiro falar, porque, para falar é preciso estar-se presente — ambos presentes, salvo nesse caso infame do telefone, onde há vozes sem caras.

Se um dia qualquer, por um daqueles lapsos em que é sempre agradável cair de propósito, nos encontrássemos e tomássemos por engano o carro do Lumiar ou do Poço do Bispo (35 minutos), haveria mais tempo para estarmos encontrando-nos ao acaso.

No domingo, ou seja amanhã, telefono-lhe, mas não creio que passe aí pela praça do dramaturgo.[3] Não é que não possa, mas é que não acho graça a quarenta e um metros de distância (da esquina da avenida[4] à janela da sua casa). Confio que possa vê-la e falar-lhe. E se eu lhe telefonasse hoje mesmo? Talvez telefone.

---

1 No sentido de ir mais longe, de fazer uma viagem "à Índia", de ter um contacto talvez mais íntimo.
2 Ofélia queria saber a que "outra coisa" fazia referência Pessoa no final da carta anterior, de 11 de setembro. Não tendo uma resposta clara, volta a perguntar a 15 de setembro.
3 D. João da Câmara (1852-1908), poeta e dramaturgo lisboeta.
4 A avenida da Liberdade.

Pronto. Quase duas páginas de maçada. Mas ainda ganha...
A maçada será sua, mas a tristeza fica comigo.

Estas palavras são de um individuo, que, à parte ser Pessoa,
se chama preliminarmente

Fernando

14/9/1929

50 18-9-1929

Requerimento em 30 linhas

Fernando Pessoa, solteiro, maior, alienado,
morador onde Deus é servido conceder-lhe
que more, em companhia de diversas
aranhas, moscas, mosquitos e outros
elementos auxiliares do bom estado das
casas e dos sonhos; tendo recebido
indicação — aliás apenas telefónica —
de que poderia ser tratado como
gente a partir de uma data a
fixar, e de que o referido tratamento de
como se fosse gente seria constituído
por, não um beijo, mas a simples
promessa dele, a ser adiada
indefinidamente, e até ele Fernando Pessoa provar que (1) tem
8 meses de idade, (2) é bonito,
(3) existe, (4) agrada à entidade
encarregada da distribuição da

2ᵃ Linha → mercadoria, e (5) não se suicida
antes do assunto, como era sua
obrigação natural; requer,
para tranquilidade da pessoa
encarregada da distribuição da
mercadoria, que lhe seja passado atestado em como (1)
não tem 8 meses de idade, (2)
é um estafermo, (3) nem
mesmo existe, (4) é desprezado

3ᵃ Linha → pela entidade distribuidora, (5) suicida-se.

Acabam as 30 linhas.

Aqui devia pôr-se "Espera
deferimento", mas não
espera nada o

Fernando.

ABEL[1]

18/9/29

---

[1] Na carta de 18 de setembro, Ofélia queixava-se de Pessoa ter preferido "hoje" (dia 18) o Abel "à minha pessoa" e lembrava-lhe a promessa, talvez telefónica, de escrever trinta linhas. Daí o "requerimento".

51 24-9-1929

Ora a minha Vespa, que aliás será vespa mas não é minha, vai-
-me dizer o que lhe há de escrever, que lhe seja agradável, uma
criatura cuja inteligência caiu algures na rua do Ouro, cuja luci-
dez ficou debaixo de um *camion* ao virar para a rua de S. Nicolau,
e o resto exatamente.

A minha (?) pequena Vespa gosta realmente de mim? Porque
é que tem esse gosto estranho pelas pessoas de idade? Na sua
carta[1] diz que lhe custa a aturar umas tias, que aliás o não são, de
oitenta e tal e cinquenta e também; então como quer pretender
que atura de bom grado uma criatura de idade semelhante e que
nem sequer pôde ser tia, pois, salvo melhor opinião, para essa
profissão costuma ser indispensável ser mulher. Quando se é tias,
é claro, tem que se ser duas mulheres, ou mais. Ora eu, até agora,
consegui ser apenas um tio, mas só da minha sobrinha,[2] que (é
curioso) me trata por "tio Fenando" pelas circunstâncias (1ª) já
exposta, de eu ser tio dela, (2ª) de eu me chamar (recorda-se?)
Fernando, (3ª) de ela não pronunciar a letra r.

Visto que diz que me não quer ver e que lhe custa querer não
me querer ver, e que quer que eu lhe telefone, porque ao menos
telefonar é não estar presente, e que lhe escreva porque escrever
é estar a distância, então, Vespa que não é minha, eu telefonei-
-lhe já e estou lhe escrevendo, ou, posso dizer, já lhe escrevi, pois
vou acabar aqui mesmo.

Estou preparando a pasta preta para a levar nela. Ouviu?

Queria ir, ao mesmo tempo, à Índia e a Pombal.[3] Curiosa mistura, não é verdade? Em todo o caso é só parte da viagem.

---

1 De 23 de setembro de 1929.
2 Manuela Nogueira Rosa Dias, nascida em 1925, e a quem Pessoa tratava por "Mimi".
3 A Índia pode aludir, em código, a uma certa intimidade, e Pombal (o município), a pombos
ou pombinhos, isto é, aos seios.

Recorda-se desta geografia, Vespa vespíssima?

24/9/1929

Fernando.

52 25-9-1929

Exma. senhora d. Ofélia Queiroz:

Um abjeto e miserável indivíduo chamado Fernando Pessoa, meu particular e querido amigo, encarregou-me de comunicar a v. exa. — considerando que o estado mental dele o impede de comunicar qualquer coisa, mesmo a uma ervilha seca (exemplo da obediência e da disciplina) — que v. exa. está proibida de:

(1) pesar menos gramas,

(2) comer pouco,

(3) não dormir nada,

(4) ter febre,

(5) pensar no indivíduo em questão.

Pela minha parte, e como íntimo e sincero amigo que sou do meliante de cuja comunicação (com sacrifício) me encarrego, aconselho v. exa. a pegar na imagem mental, que acaso tenha formado do indivíduo cuja citação está estragando este papel razoavelmente branco, e deitar essa imagem mental na pia, por ser materialmente impossível dar esse justo destino à entidade fingidamente humana a quem ele competiria, se houvesse justiça no mundo.

Cumprimenta v. exa.

Álvaro de Campos
eng.º nav.

ABEL 25/9/1929[1]

---

1 Carta assinada por "Álvaro de Campos |eng[enheiro] nav[al]".

53 26-9-1929

Ofelinha pequena:

Não sei se gosta de mim, mas sonho escrever-lhe esta carta por isso mesmo.

Como me disse que amanhã evitava ver-me até às cinco e um quarto para as cinco e meia na paragem do elétrico que não é de ali, ali estarei exatamente.

Como, porém, se dá a circunstância de o sr. eng. Álvaro de Campos ter de me acompanhar amanhã durante grande parte do dia, não sei se será possível evitar a presença — aliás agradável — desse senhor durante a viagem para umas janelas quaisquer de uma cor que me esquece.

O velho amigo meu, em quem acabo de falar, tem, aliás, qualquer coisa que lhe dizer. Recusou-se a fazer-me qualquer explicação do que se trata, mas espero e confio que, na sua presença, terá ocasião de me dizer, ou lhe dizer, ou nos dizer, de que se trata.

Até então estou silencioso, atento e até expectativo.

E até amanhã, boquinha doce.

26/9/1929

---

54 29-9-1929

Ofelinha pequena:

Como não quero que diga que eu não lhe escrevi, por efetivamente não lhe ter escrito, estou escrevendo. Não será uma linha, como prometi, mas não serão muitas. Estou doente, principalmente por causa da série de preocupações e arrelias que tive ontem. Se não quer acreditar que estou doente, evidentemente não acreditará. Mas peço o favor de não me dizer que não acredita. Bem me basta estar doente; não é preciso ainda vir duvidar disso, ou pedir-me contas da minha saúde como se estivesse na minha vontade, ou eu tivesse obrigação de dar contas a alguém de qualquer coisa.

O que lhe disse de ir para Cascais (Cascais quer dizer um ponto qualquer fora de Lisboa, mas perto, e pode querer dizer Sintra ou Caxias) é rigorosamente verdade: verdade, pelo menos, quanto à intenção. Cheguei à idade em que se tem o pleno domínio das próprias qualidades, e a inteligência atingiu a força e a destreza que pode ter. É pois a ocasião de realizar a minha obra literária, completando umas coisas, agrupando outras, escrevendo outras que estão por escrever. Para realizar essa obra, preciso de sossego e um certo isolamento. Não posso, infelizmente, abandonar o escritório onde trabalho (não posso, é claro, porque não tenho rendimentos), mas posso, reservando para o serviço desses escritórios dois dias da semana (quartas e sábados), ter de meus e para mim os cinco dias restantes. Aí tem a célebre história de Cascais.[1]

Toda a minha vida futura depende de eu poder ou não fazer isto, e em breve. De resto, a minha vida gira em torno da minha obra literária — boa ou má, que seja, ou possa ser. Tudo o mais na vida tem para mim um interesse secundário: há coisas, naturalmente, que estimaria ter, outras que tanto faz que venham ou não venham. É preciso que todos, que lidam comigo, se convençam de que sou assim, e que exigir-me os sentimentos, aliás muito dignos, de um homem vulgar e banal, é como exigir-me que tenha olhos azuis e cabelo louro. E estar a tratar-me como se eu fosse outra pessoa não é a melhor maneira de manter a minha afeição.

---

1 Em 1932, Pessoa candidatou-se ao lugar de conservador do Museu-Biblioteca Conde de Castro Guimarães, de Cascais.

É preferível tratar assim quem seja assim, e nesse caso é "dirigir-se a outra pessoa" ou qualquer frase parecida.

Gosto muito — mesmo muito — da Ofelinha. Aprecio muito — muitíssimo — a sua índole e o seu carácter. Se casar, não casarei senão consigo. Resta saber se o casamento, o lar (ou o que quer que lhe queiram chamar) são coisas que se coadunem com a minha vida de pensamento. Duvido. Por agora, e em breve, quero organizar essa vida de pensamento e de trabalho *meu*. Se a não conseguir organizar, claro está que nunca sequer pensarei em pensar em casar. Se a organizar em termos de ver que o casamento seria um estorvo, claro que não casarei. Mas é provável que assim não seja. O futuro — e é um futuro próximo — o dirá.

Ora aí tem, e, por acaso é a verdade.[1]

Adeus, Ofelinha. Durma e coma, e não perca gramas.

Seu muito dedicado,

29/9/1929
Domingo

---

55 2-10-1929

Bom dia, Bebé: gosta de mim exatamente? Não venho do Abel, mas devia ter vindo; e, em todo o caso o Bebé também tem influências no estilo do Abel. Tem influências à distância, mas ao colo (situação muito natural nos bebés) ainda tem mais. E o Abel tem

---

1 Ofélia, no dia seguinte, responde, afirmando que ainda não tinha recebido uma carta dele que mais lhe interessasse e que, longe de a desanimar, mais a encorajasse a confiar num futuro ao lado do "Fernandinho".

aguardente doce, mas a boca do Bebé é doce e talvez um pouco ardente, mas assim está bem. Gosta de mim? Porquê? Sim?

Estou doido, e não posso escrever uma carta: sei apenas escrever asneiras. Se me pudesse dar um beijo, dava? Então porque não dá? Má.

A verdade é que o dia de hoje se embrulhou de tal maneira, que mal tenho tempo de lhe escrever mal este pouco tempo. Vespa.

Tenho de ir a fugir para casa para jantar cerca das oito e ir depois a casa daquele meu amigo onde costumo jantar aos sábados.[1] Hoje, é ir lá um pouco à noite, depois do jantar. Fera.

E acabei, e pronto. Dá-me a boquinha para comer?

(nome de uma ave
do Egito, que é
2/10/1929   essa mesma)

---

1 Fernando Lobo d'Ávila Lima, médico, professor liceal e pedagogo, cuja casa se situava na praça Rio de Janeiro, hoje Príncipe Real, e de quem Pessoa guardava um livro na sua biblioteca (*Pel'a escola*, 1932). Sobre Lima e os seus irmãos (Manuel Lobo d'Ávila Lima, José Caetano Lobo de Ávila da Silva Lima), veja-se o artigo de Barreto já citado, "Os destinatários dos panfletos pessoanos de 1923" (2016). Nos jantares costumava estar também Luís da Câmara Reis (1885-1965), diretor da revista *Seara Nova*, onde Pessoa quis publicar o poema "Liberdade", em 1935, que foi, porém, censurado. Escreve Câmara Reis: "Fernando Pessoa era um *gentleman* perfeito, de uma correção inalterável. O seu fino sorriso, nem mesmo perante as anedotas mais vivas, se desmanchava em gargalhadas. Não tinha a menor exibição de boémio. Fato preto, gravata discreta, feições delicadas num rosto magro e esguio, e um olhar irónico por detrás dos óculos que tornavam a sua fisionomia um pouco distante e impenetrável [...] Era duma simplicidade absoluta, nada literato de atitude, com o exterior de empregado de escritório" (Reis, 1939, p. 333).

56 9-10-1929

Terrível Bebé:

Gosto das suas cartas, que são meiguinhas, e também gosto de si, que é meiguinha também. E é bombom, e é vespa, e é mel, que é das abelhas e não das vespas, e tudo está certo, e o Bebé deve escrever-me sempre, mesmo que eu não escreva, que é sempre, e eu estou triste, e sou maluco, e ninguém gosta de mim, e também porque é que havia de gostar, e isso mesmo, e torna tudo ao princípio, e parece-me que ainda lhe telefono hoje, e gostava de lhe dar um beijo na boca, com exatidão e gulodice e comer-lhe a boca e comer os beijinhos que tivesse lá escondidos e encostar-me ao seu ombro e escorregar para a ternura dos pombinhos, e pedir-lhe desculpa, e a desculpa ser a fingir, e tornar muitas vezes, e ponto final até recomeçar, e porque é que a Ofelinha gosta de um meliante e de um cevado e de um javardo e de um indivíduo com ventas de contador de gás e expressão geral de não estar ali mas na pia da casa ao lado, e exatamente, e enfim, e vou acabar porque estou doido, e estive sempre, e é de nascença, que é como quem diz desde que nasci, e eu gostava que a Bebé fosse uma boneca minha, e eu fazia como uma criança, despia-a, e o papel acaba aqui mesmo, e isto parece impossível ser escrito por um ente humano, mas é escrito por mim.

Fernando.

57 9-10-1929

Bebé fera:

Peço desculpinha de a arreliar. Partiu-se a corda do automóvel velho que trago na cabeça, e o meu juízo, que já não existia, fez *tr-r-r-r...*

Logo a seguir a telefonar-lhe, estou a escrever-lhe, e naturalmente telefonarei outra vez, se lhe não faz mal aos nervos, e naturalmente será, não a qualquer hora, mas à hora em que lhe telefonarei.

Gosta de mim por mim ser mim ou por não? Ou não gosta mesmo sem mim nem não? Ou então?

Todas estas frases, e maneiras de não dizer nada, são sinais de que o ex-Íbis, o extinto Íbis, o Íbis sem concerto nem gostamento alheio, vai para o Telhal, ou para Rilhafoles,[1] e lhe é feita uma grande manifestação à magnífica ausência.

Preciso cada vez mais de ir para Cascais — Boca do Inferno mas *com dentes*. Cabeça para baixo, e fim, e pronto, e não há mais Íbis nenhum. E assim é que era para esse animal ave esfregar a fisionomia esquisita no chão.

Mas se o Bebé desse um beijinho, o Íbis aguentava a vida um pouco mais. Dá? — Lá está a corda partida.

a valer

9/10/1929

---

1 Hospitais de alienados, um perto de Belas, outro em Lisboa; o segundo designado, desde 1911, Hospital Miguel Bombarda.

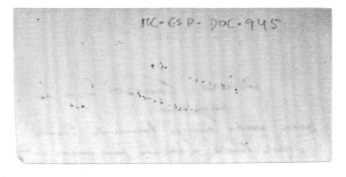

NÃO TENDO MAIORES NOTÍCIAS DE FERNANDO EM OUTUBRO,
PARA ALÉM DE ALGUNS ESCASSOS TELEFONEMAS, OFÉLIA FABRICOU
ESTE CARTÃO, SEGUNDO O QUAL CAMPOS — A QUEM TEVE DE RECORRER —
DEVOLVIA A PESSOA O QUE SUPOSTAMENTE LHE TINHA TIRADO:
"31/10/929 ÁLVARO CAMPOS | ENGENHEIRO | ENVIA AO SEU VELHO
AMIGO FERNANDO PESSOA | O PAPEL TINTA E CANETA PARA ESCREVER
AO BEBÉ". VER: *OS OBJECTOS DE FERNANDO PESSOA*
(PIZARRO, FERRARI E CARDIELLO, 2013B, PP. 32-33).

58 16-12-1929

Bebé:

Aí lhe mando — para cumprir, ao menos, qualquer promessa —
as respetivas, não respeitáveis, mas preferíveis (às presentes)

ventas do abismo há, precisamente, quarenta anos.[1] Comparando a fisionomia relativamente humana do animal pequeno, que o retrato representa, com o arremedo de focinho envergonhado que atualmente ofende a humanidade em cima do pescoço do signatário, comparando........

Oh, Bebezinho, um beijo do

16/12/1929

PESSOA TERÁ ENVIADO A OFÉLIA ESTA OU OUTRA FOTOGRAFIA SEMELHANTE COM A ÚNICA CARTA QUE LHE ESCREVEU EM DEZEMBRO DE 1929. VER GARCÍA SCHNETZER E VIEL (2021). OFÉLIA COLOCOU A FOTOGRAFIA NUMA CADEIRINHA DE BONECAS, ONDE REPOUSAVA O "ÍBIS PEQUENINO", O "NININHO PEQUENINO".

---

1 Referência a uma fotografia de quando era bebé. Há um desfasamento grande entre o número de cartas de Ofélia e o número de cartas de Fernando: setembro, 16 vs. 7; outubro, 27 vs. 2; novembro, 16 vs. 0; dezembro, 14 vs. 1. A correspondência de 1930-1931 é abundante, mas quase exclusivamente de Ofélia. Pessoa passou a telefonar mais, embora poucas vezes com a assiduidade pedida e desejada por Ofélia.

59 1-1-1930

Como não escrevo. Mando assim saudades boas festas e até amanhã ou depois. — Fernando.

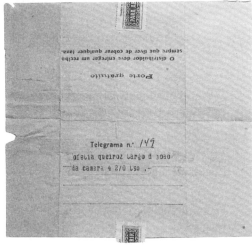

60 11-1-1930

Bebé:

Obtida a devida autorização do sr. eng. Álvaro de Campos, mando-lhe o poema que escrevi entre as estações de Casa Branca e Barreiro A, terminando a inspiração, entretanto, na Moita.

Este poema deve ser lido de noite e num quarto sem luz. Também, devidamente aproveitado, serve para fazer papelotes para as bonecas de trapo, para tapar as fechaduras contra o frio, os olhares e as chaves, e para tirar medidas para sapatos a pés que não tenham mais comprimento que o papel.

Creio que estão feitas todas as recomendações para o uso. Não é preciso agitar antes de usar.

Até logo.

11/1/1930

Casa Branca — Barreiro A.
(Poema pial)

Toda a gente que tem as mãos frias
Deve metê-las dentro das pias.

Pia número um,
Para quem mexe as orelhas em jejum.

Pia número dois,
Para quem bebe bifes de bois.

Pia número três,
Para quem espirra só meia vez.

Pia número quatro,
Para quem manda as ventas ao teatro.

Pia número cinco,
Para quem come a chave do trinco.

Pia número seis,
Para quem se penteia com bolos-reis.

Pia número sete,
Para quem canta até que o telhado se derrete.

Pia número oito,
Para quem quebra nozes quando é afoito.

Pia número nove,
Para quem se parece com uma couve.

Pia número dez,
Para quem cola selos nas unhas dos pés.

E, como as mãos já não estão frias,
Tampas nas pias!

MOITA*

* Silêncio ou estação,
à vontade do freguês.

Casa Branca — Barreiro A.
(Poema pial)

Toda a gente que tem as mãos frias
Deve mettel-as dentro das pias.

Pia numero UM,
Para quem mexe as orelhas em jejum.

Pia numero DOIS
Para quem bebe bifes de bois.

Pia numero TRES,
Para quem esperá as meca' vez.

Pia numero QUATRO,
Para quem manda as ventas ao theatro.

Pia numero CINCO,
Para quem come a chave do trinco.

Pia numero SEIS,
Para quem se penteia com bolos-reis.

Pia numero SETE,
Para quem canta até que o telhado se derrete.

Pia numero OITO,
Para quem quebra nozes quando é afoito.

Pia numero NOVE,
Para quem se penca com uma couve.

Pià numero DEZ,
Para quem colla sellos nos unhas dos pés.

E, como as mãos já não estão frias,
Tampa nos pés!

MOITA *

* Silencio m estacaõ
  à vontade do freguez

PESSOA DEU A OFÉLIA ESTA PULSEIRA DE FILIGRANA EM PRATA
DECORADA COM ROSÁCEAS EM ESMALTE AZUL E BRANCO; 20 CM
(COMPRIMENTO DA PULSEIRA) × 1 CM (DIÂMETRO DAS ROSÁCEAS).
TERÁ SIDO A 14 DE JUNHO DE 1930, DATA EM QUE OFÉLIA FEZ
TRINTA ANOS (CF. UMA CARTA PARA CARLOS QUEIROZ,
EM PIZARRO, FERRARI E CARDIELLO, 2013A, PP. 157-159).

ALGUNS DOS OBJETOS PRESERVADOS POR OFÉLIA:
A PULSEIRA, O BONECO, O MEDALHÃO NA CAIXA DE CARTÃO,
CESTOS DE VIME REDONDO COM TAMPA E UM CACHIMBO,
"O ÚLTIMO | CACHIMBO EM QUE ELE [FERNANDO] FUMOU",
SEGUNDO OFÉLIA, EM CARTA PARA CARLOS QUEIROZ
(PIZARRO, FERRARI E CARDIELLO, 2013A, P. 163).

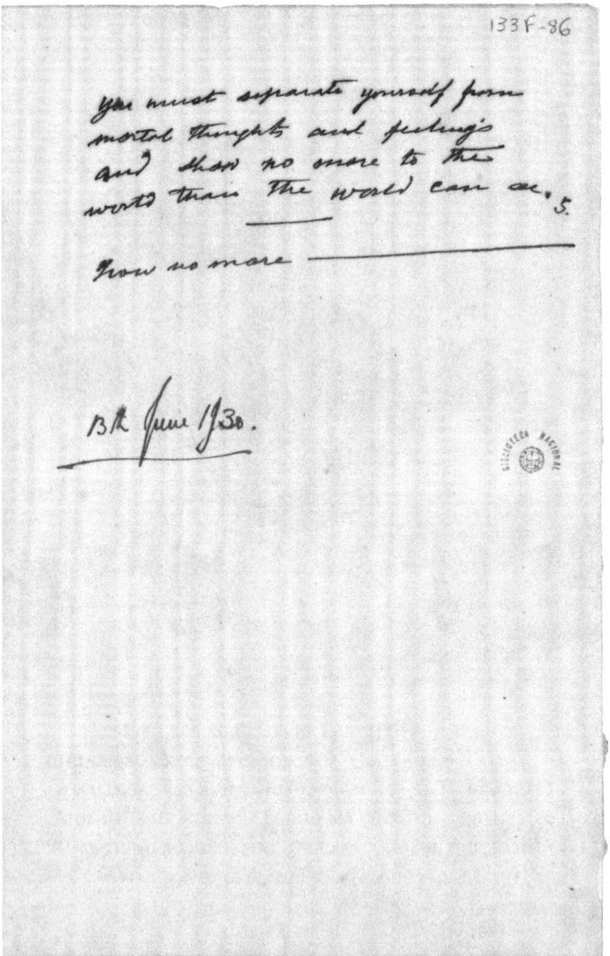

133F-86

You must separate yourself from mortal thoughts and feelings and show no more to the world than the world can see.

Show no more ——————————

13th June 1930.

COMUNICAÇÃO ASTRAL NO DIA DO ANIVERSÁRIO DE PESSOA: "YOU MUST SEPARATE YOURSELF FROM MORTAL THOUGHTS AND FEELINGS AND SHOW NO MORE TO THE WORLD THAN THE WORLD CAN SEE" (BNP/E3, 133F-86^r).

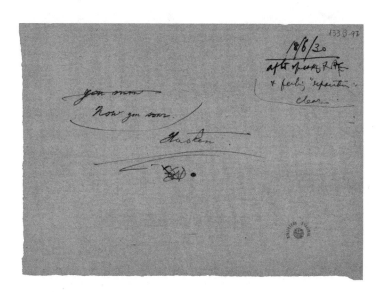

OUTRA COMUNICAÇÃO, ESTA DE 18 DE JUNHO DE 1930, DEPOIS DE SENTIR
COM CLAREZA A SEPARAÇÃO, "NOW YOU SOAR. HASTEN" (BNP/E3, 133B-97ʳ).
PESSOA TERÁ BEIJADO PELA ÚLTIMA VEZ OFÉLIA A 14 DE JUNHO DE 1930,
DIA DO ANIVERSÁRIO DELA (ZENITH, 2022, PP. 843 E 1126).

61 14-6-1934

Muito obrigado muitos parabéns[1]
saudades
Fernando

62 14-6-1935

Muito obrigado e identicamente
com saudades
Fernando

[1] Resposta a um telegrama de Ofélia que se conserva (cf. BNP/E3, 115³-11). Há outro de 1933, anterior, no inventário 115³-10, que não se sabe se teve resposta.

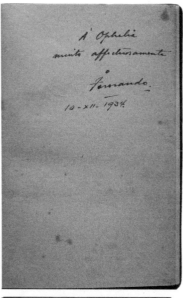

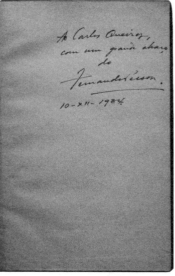

EXEMPLARES DE *MENSAGEM* OFERECIDOS A OFÉLIA E CARLOS QUEIROZ.

ANEXOS

1.
ALGUNS POEMAS

63 [C. 1920]

Fiquei doido, fiquei tonto…
Meus beijos foram sem conto,
Apertei-a contra mim,
Aconcheguei-a em meus braços,
Embriaguei-me de abraços…
Fiquei tonto e foi assim…

64 [C. 1920]

Sua boca sabe a flores,
Bonequinha, meus amores,
Minha boneca que tem
Bracinhos para enlaçar-me,
E tantos beijos pra dar-me
Quantos eu lhe dou também.

65 [C. 1920]

Ai que tontura e que fogo!
Se estou perto dela, é logo
Uma névoa em meu olhar,
Uma música em minh'alma,
Perdida de toda a calma,
E eu sem a querer achar.

66 [C. 1920]

Dá-me beijos, dá-me tantos
Que, enleado nos teus encantos,

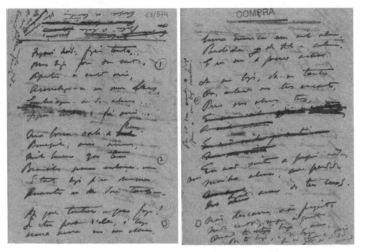

TESTEMUNHOS MANUSCRITOS POR FERNANDO PESSOA, SUGERINDO
UMA ORDEM PARA ESTA SÉRIE DE POEMAS (BNP/E3, 574).

Preso nos abraços teus,
Eu não sinta a própria vida,
Nem minha alma, ave perdida
No azul-amor dos teus céus.

67 [C. 1920]

Não descanso, não projeto
Nada certo, sempre inquieto
Quando te não beijo, amor,
Por te beijar, e se beijo
Por não me encher o desejo
Nem o meu beijo melhor.[1]

1 Os dois últimos versos são variantes de "Por não chegar o desejo | Até a um beijo superior" (Pessoa, 1990, tomo 2, p. 60).

68 [C. 1920]

Botão de rosa, menina
Carinhosa, pequenina,
Corpinho de tentação:
Vem morar na minha vida!
Dá em ti, terna guarida
Ao meu pobre coração.

69 [C. 1920]

Quando passo um dia inteiro
Sem ver o meu amorzinho,
Corre um frio de janeiro
No junho do meu carinho.

70 [C. 1920]

Eu amo um Bebé
Que é
Quanto ao tamanho
assim: ●
Quanto ao amor que lhe tenho

esta linha dá a volta ao mundo

Ai de mim!

71 [C. 1920]

Bombom é um doce
Ouvi dizer
Não que isso fosse
Bom de saber
O doce, enfim,
Não é para mim.[1]

72 [C. 1920]

Onde é que a maldade mora?
Poucos sabem onde é.
Há maneira de o saber.
É em quem quando diz que chora
Leva a rir e a responder,
Indo em crueldade até
A gente não a entender...[2]

73 [C. 1920]

Meu amor já me não quer,
Já me esquece e me desama.
Tão pouco tempo a mulher
Leva a provar que não ama!

---

1 Ver testemunho manuscrito na caixa de bombons, (BNP/E3, 66C-70ʳ), na p. 95.
2 Trata-se de um acróstico (OPHÉLIA). Emenda-se a versão recuperada de cor e manuscrita
(cf. fac-símile, a seguir), a partir da primeira edição de *Cartas de amor* (Pessoa, 1978, p. 11).

PRIMEIRO DE DOIS TESTEMUNHOS MANUSCRITOS POR OFÉLIA QUEIROZ
DE POEMAS DE FERNANDO PESSOA.

Quando passo um dia inteiro
sem ver o meu amorzinho
...-me num frio de Janeiro
no Junho do meu carinho.

Eu amo um Bébé
que é'
Quanto ao tamanho
assim: •
Quanto ao amor que lhe tenho
esta maior da a volta ao mundo
Ai de mim!

Bombom é um doce
eu ouvi dizer
não que isso fosse
Bom de saber
O doce sujeira
não é para mim! —

Onde é que a maldade mora?
Todos sabem onde é.
É um veneno quando diz que chora
Leva a ri e a responder
...do em sociedade até
A gente não a entender —

PRIMEIRO DE DOIS TESTEMUNHOS MANUSCRITOS POR OFÉLIA QUEIROZ
DE POEMAS DE FERNANDO PESSOA.

Fiquei louco, fiquei tonto
Meus beijos foram sem conto
Apertei-a contra mim
Embalancei-a nos meus braços
Embriaguei-me de abraços
Fiquei louco, e foi assim.

Dá-me beijos, dá-me tantos
Que enlaçado nos teus encantos
Preso nos abraços teus
Eu não sinta a própria vida
Nem minh'alma, ave perdida
No azul imenso dos teus céus

Boquinha dos meus amores
Lindinha como as flores
Minha boneca que tem
Bracinhos p'ra enlaçar-me
E tantos beijos p'ra dar-me
Quantos eu lhe dou também

Botão de rosa menina,
Carinhosa, pequenina,
Corpinho de tentação.
Vem morar na minha vida
Dá em ti terna guarida
Ao meu pobre coração.

SEGUNDO TESTEMUNHO MANUSCRITO POR OFÉLIA QUEIROZ DE POEMAS
DE FERNANDO PESSOA.

Não descanso, não projecto,
Nada certo, sempre inquieto,
Quando te não vejo amor.
Por te beijar e não beijo
Por não me encher o desejo
Mesmo o meu beijo melhor.

Ai que tortura que fogo
Se estou perto d'ela e logo
Uma névoa em meu olhar
Uma nuvem em minh'alma
Perdida de toda a calma
Eu eu sei a poder achar

Estes versos foram-me dedicados pelo
Fernando Pessoa, em 1919
Sad escritos por mim porque os sabia
de côr, e me subtrairam das cartas o
original. Se alguem aparecer com eles
deve de ser processado porque os possui
em iligitiilamente
Juro por Deus que esta é toda a
verdade.
10/1/78
Ofélia Maria Queiroz Soares

NO SEGUNDO TESTEMUNHO MANUSCRITO POR OFÉLIA QUEIROZ
DE POEMAS DE FERNANDO PESSOA, DE 1978, ELA INDICA QUE OS
POEMAS SÃO DE 1919, MAS SEGUNDO O SEU RELATO SÃO POSTERIORES
AO PRIMEIRO BEIJO E TERIAM DE SER, NESSE CASO, DE 1920.

74 9-2-1920

O[félia]

1.

Não creio ainda no que sinto —
Teus beijos, meu amor, que são
A aurora ao fundo do recinto
Do meu sentido coração...

Não creio ainda nessa boca
Que, por tua alma em beijos dada,
Na minha boca passa e toca
E ali   ◊   fica parada.

Não creio ainda. Poderia
Acaso a mim acontecer
Tu, e teus beijos, e a alegria?
Tudo isto é, e não pode ser.

2.

Tudo o que sinto se concentra
Em te sentir
A boca, o amor, o beijo que entra
E sai a rir.

Tudo o que quero se define
Em sentir puro
Teu lábio contra os meus ◊
◊

9/2/1920

75 [9-2-1920]

O amor que eu tenho não me deixa estar
Pronto, quieto, firme num lugar
Há sempre um pensamento que me enleva
E um desejo comigo que me leva

Longe de mim, a quem eu amo e quero.
Inda de noite, quando durmo, espero
A manhã em que torne a vê-la e amá-la.
Mau sonho aquele que me não embala

E me inquieta só com não poder
Um momento pensar sem nela ser.

Bebo por taças de ouro o seu sorriso.

Ela é pequena, mas não é preciso
Bem maior em tamanho, quando o bem
É maior que ◊

76 [C. 9-2-1920]

O amor que eu tenho não me deixa ver
Mais que uma só mulher;
Nem me deixa pensar
Em mais do que em a amar.

Ela é pequena ◊

77 15-2-1920

Porque o olhar de quem não merece
O meu amor para outro olhou,
Uma dor fria me enfurece,
Decido odiar quem me insultou.

Vil dor, vil causa e vil remédio!
Quanto melhor não fora achar-se
No antigo sem-amor, com tédio,
Mas sem dor de que envergonhar-se!

Ainda assim nem no fundo
Da taça desta dor que é vil
Há um vago ◊
Um vago   ◊   subtil …

Por isso talvez valha mais
Dar por não vis a causa e a dor
E ir buscar o amor ◊
Como se o sonho fosse o amor.

15/2/1920

78 [1920?]

Meu amor, dá-me 2 beijos
Pra me dares um terceiro,
Que é só para haver um quarto
Antes do quinto e primeiro.

79 [1920?]

Ganhaste com 2 pombinhos,
É o corpo do meu amor,
Com dois pombinhos-correios
Que me trazem gozo e dor.

80 [1920?]

O meu amor é pequeno,
Um alfinete é maior.
Mas quando lhe dou beijinhos
Sinto ◊

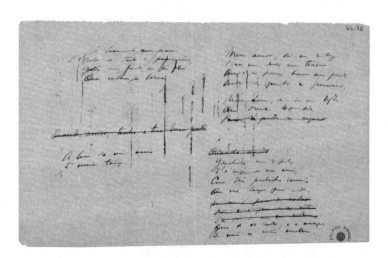

VERSOS EM TORNO DE "MEU AMOR", "MEU BEBÉ" (BNP/E3, 66-72).
OUTROS, RISCADOS OU LACUNARES, TRANSCREVEM-SE A SEGUIR.

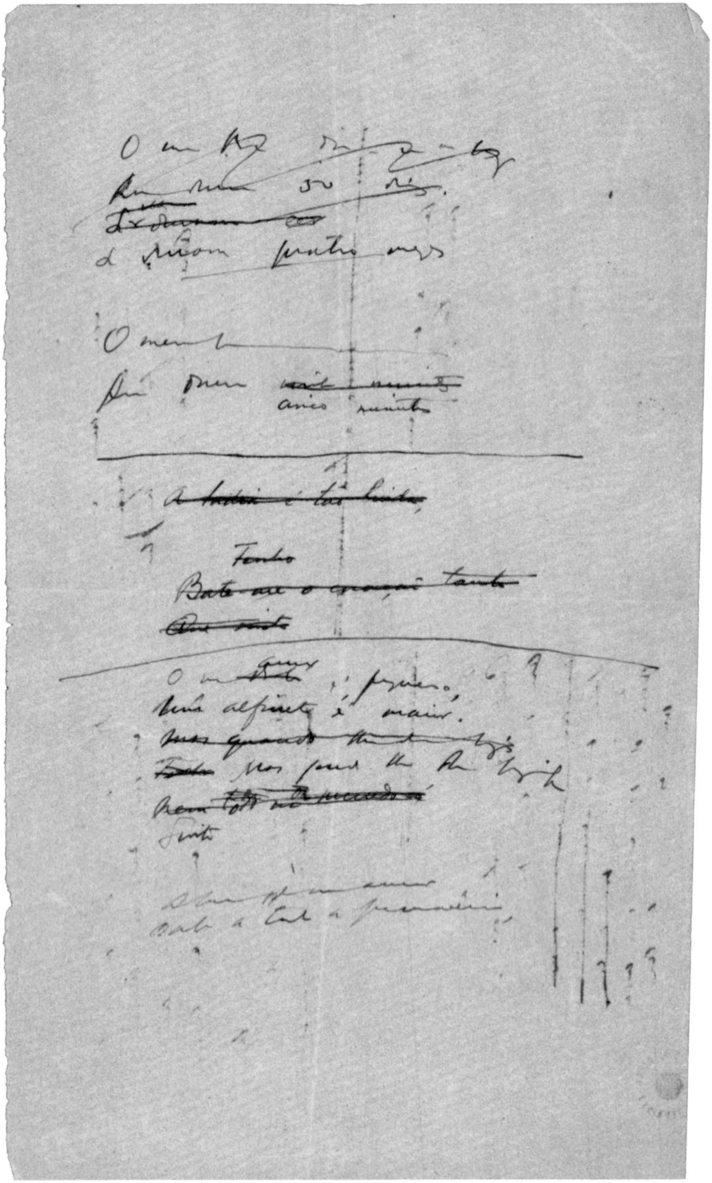

MEU AMOR, DÁ-ME UM BEIJINHO | QUE DURE 40 DIAS |
<PARA A GENTE SE ESQUECER>

<A BOCA DO MEU AMOR | SABE A TODA A PRIMAVERA, |
NÃO HÁ FRUTA NEM HÁ FLOR | QUE VALHA A BOCA>

<QUANDO, AMOR, TENHO A TUA BOCA PERTO>

<QUANDO, AMOR>

<A BOCA DO MEU AMOR | É UMA TAÇA ◊>

<DÁ-ME O GOZO DE SABER> | < DÁ-ME O GOZO DE OS
SENTIR> | <E A DOR DE NÃO VER MELHOR> | GOZO DE OS
SENTIR, E A MÁGOA | DE NÃO OS SENTIR MELHOR.

<O MEU BEBÉ DÁ-ME UM BEIJO | QUE DURA 50 DIAS. |
SE [↑ELE DURASSE CEM | SE DURASSE QUATRO MESES>

O MEU [BEBÉ DÁ-ME UM BEIJO] |
QUE DURA <CINCO MINUTOS> [↓]

<A ÍNDIA É TÃO LINDA,>

<TENHO> | <BATE-ME O CORAÇÃO TANTO> | <QUE SINTO>

ALMA *MINHA MEU AMOR | SABE A TODA A PRIMAVERA,

81 [1920?]

A noite desce tranquila,
Lâmpada desapagada,
De argila
Negada,
Traz sossego? Não sou nada.

A noite baixa na calma
De o dia deixar de ser.
Minha alma?
Que quer
O que em mim sabe se quer?

82 [1920?]

Meu amor demorou pouco
A sua boca na minha
E mesmo assim fiquei louco...
Que faria se a boquinha
Demorasse todo o tempo
Que eu desejava e desejo?...
Chegava-se ao fim do Tempo
Sem se acabar esse beijo.

Um boneco de brinquedo
Eu te dei para guardar
Seja tarde ou seja cedo
Que tu te vás a deitar;
Deita-o na cama contigo
Todo chegadinho a ti...

(Isto quer dizer… Não digo…
Fica o verso por aqui…)

83 26-8-1930

Meu ruído da alma cala.
E aperto a mão no peito,
Porque sobre o trejeito
Da arte e o seu defeito,
O que é de Cristo fala.

Cega, porca, lixo
Da vida que n'alma tem,
Esta crença vem.
Que Deus é que do além
Teve este mau capricho?

E ou jazigo limpo
Ou sótão com pó,
Bebé foi-se embora.
Minha alma está só.

26/8/1930

SONETO MANUSCRITO A 4 DE DEZEMBRO DE 1920 (BNP/E3, 49C-6ʳ).
"WE COULD NOT LOVE FOR E'ER; THEREFORE SHOULD NOT" (V. 5).

FOLHA DE CALENDÁRIO GUARDADA, JUNTO COM CARTAS E OBJETOS, POR OFÉLIA. NO VERSO HÁ UMA FRASE IMPRESSA: "AS MELHORES LEIS SÃO INÚTEIS QUANDO NÃO SÃO EXECUTADAS; PERIGOSAS, QUANDO O SÃO MAL". PESSOA RISCOU ALGUMAS LETRAS E PALAVRAS, TORNANDO A FRASE: "AS MULHERES SÃO INÚTEIS, QUANDO NÃO SÃO PERIGOSAS, SÃO MÁS". MEDIDAS: 9,5 × 6,5 CM.

OUTRA FOLHA DE CALENDÁRIO GUARDADA POR OFÉLIA. NO VERSO HÁ UMA FRASE IMPRESSA: "A MELHOR DAS LIÇÕES PARA UMA FILHA, É O EXEMPLO DE UMA MÃE VIRTUOSA". PESSOA RISCOU ALGUMAS LETRAS E PALAVRAS, TORNANDO A FRASE: "A MELHOR DAS LOÇÕES PARA UMA FILHA, É A PANCADA". MEDIDAS: 9,5 × 6,5 CM.

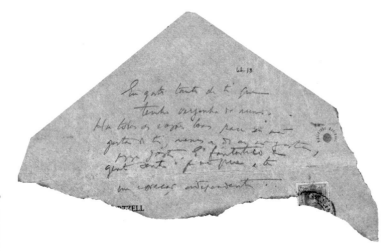

APONTAMENTO MANUSCRITO A LÁPIS POR PESSOA
NA DOBRA DE UM ENVELOPE (BNP/E3, 64-13ʳ).

Eu gosto tanto de ti que
tenho vergonha de mim.
Há todas as razões boas para eu não
gostar de ti, menos a de eu não gostar,
porque gosto. É fantástico a
gente sentir o que não quer e ter
um coração independente.

FOTOGRAFIA DE 1929. PAPELARIA PROGRESSO. RUA DO OURO.
PARA CITAR UM FILME DE LEONOR AREAL, "ONDE ESTÁ O PESSOA?".
CF. A FOTOGRAFIA COM MR. FALLON E MISS HARRIES (ALMEIDA, 1985, P. 51).
FONTE: HTTPS://RESTOSDECOLECCAO.BLOGSPOT.COM/
E ANTT.PT/TT/EPJS/SF/001-001/0014/1435D.

2.

MADGE ANDERSON

Aquela mulher enigmática que o atrairá [a Pessoa] nas vindas a Lisboa [1929--1935] e que logo partia sem uma explicação plausível. Uma louca, achava a família!

Manuela Nogueira (apud Barreto, 2017, p. 603)

POSTAL ILUSTRADO COM RELEVO DA CATEDRAL DE LINCOLN (BNP/E3, 115²-97). SEM DATA, SEM NOME NEM ENDEREÇO DO DESTINATÁRIO, SEM SELO DOS CORREIOS NEM CARIMBO, ASSINADO POR MADGE ANDERSON, MAS REDIGIDO POR OUTREM. "É POSSÍVEL QUE TENHA SIDO ESTE POSTAL A DESENCADEAR A TROCA DE CARTAS ENTRE PESSOA E MADGE A PARTIR DO VERÃO DE 1935" (BARRETO, 2017, P. 620).

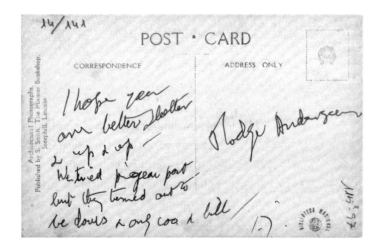

FOTOGRAFIAS DE MADGE DE C. 1930, CEDIDAS POR MORAG YOUNG.

84

I hope you are better and better and up and up. We tried pigeon post but they turned out to be doves and only coo and bill.

[trad.][1]
Espero que estejas cada vez melhor, sempre para cima. Tentámos pombos-correios, mas afinal eram rolinhas e só arrulhavam.

---

1 Tradução de José Barreto (2017, pp. 620-621).

85 [SET. 1935]

My dear Madge

I have been wanting to write to you for a long time, but, as I never really know what time is, that unknown element has dragged on till now. It generally does this when we do nothing.

My letter will be simply an apology. You arrived here when I was sinking and you stayed here till I had sunk.[1] I have since then come up to the surface, but I would be hard put to it to say what surface that is. I am very sorry for all that happened, meaning my discourtesy in disappearing, but you lost nothing by my disappearance, which was the best action that some remnants of decency could dictate to a man practically lost to the whole of it.

Though I have risen to the apparent surface, I am now ready to sink again, and this time, I think, definitely. I should like you to remember me with Christian charity and not with simple human contempt, though this would be the right and proper feeling, as the world is.

Most sincerely yours,

[trad.][2]

Minha querida Madge,

Há muito que tencionava escrever-te, mas, como nunca sei realmente o que é o tempo, esse dado desconhecido foi-se arrastando até agora. É o que geralmente sucede quando não fazemos nada.

Esta minha carta será simplesmente um pedido de desculpas. Chegaste aqui quando eu estava a afundar-me e por cá ficaste até eu me ter afundado. Desde então, já voltei à superfície, mas teria dificuldade

---

1 Entre abril e maio de 1935; "ela embarcou a 12 de abril em Southampton com destino a Lisboa, pelo que em fins desse mês [...] já estaria seguramente em Portugal" (Barreto, 2017, pp. 611-612).
2 Tradução de José Barreto (2017, pp. 603-605; cf. fac-símile).

em dizer de que superfície se trata. Lamento muito tudo o que se passou, isto é, a minha descortesia em ter desaparecido, mas não perdeste nada com o meu desaparecimento, que foi a melhor ação que alguns resquícios de decência poderiam ditar a um homem praticamente perdido para tudo isso.

Embora eu tenha subido à aparente superfície, estou agora pronto para me afundar novamente e, desta vez, penso que definitivamente. Gostaria que me recordasses com caridade cristã e não com simples desprezo humano, ainda que fosse esse o sentimento certo e apropriado, no mundo tal como ele é.

Muito sinceramente teu,

86 [SET. 1935]

> 1 Catherine House
> Catherine Street
> S. W. 1.

Fernando My Dear,

The arrival of your letter was a great pleasure but the substance was somewhat distressing. I feel I can understand your attitude but it makes me rather annoyed: something ought to be done about you but I don't know by whom as you're too damned weak-willed to do it for yourself!

Listen Fernando — can you not pull yourself together till John and Eileen[1] arrive? It looks as though they were definitely spending their holiday in Portugal and they leave London in about a week's time. You're going to take a lot of the pleasure away from their visit if you do the "sinking" trick on them!!

---

1 Eileen Anderson (1902-1987) era a cunhada de Pessoa, casada com o seu meio-irmão João Maria Nogueira Rosa (ou John).

CARTA DE MADGE ANDERSON (BNP/E3, 452-1).

I don't know quite what christian charity amounts to but I think of you a little more highly than that for what it's worth to you..... dramatic old silly that you are!! and you haven't even the excuse of lack of sense of humour!

I salute you most tenderly. Your friend —

[trad.][1]

Meu querido Fernando,

A chegada da tua carta foi um grande prazer, mas a sua substância é um tanto angustiante. Sinto que posso compreender a tua atitude, mas ela deixa-me algo exasperada. Algo deveria ser feito contigo, mas não sei por quem, dada essa tua deplorável falta de força de vontade para o fazeres por ti próprio.

Ouve, Fernando — não consegues recompor-te até o John e a Eileen chegarem? Parece que eles estão resolvidos a passar as férias em Portugal e vão sair de Londres dentro de uma semana. Vais tirar muito prazer à visita deles se lhes fizeres o truque de "afundar"!!

Não sei bem o que significa caridade cristã, mas eu tenho de ti uma opinião mais elevada do que a que tu tens de ti próprio... velho tonto dramático que és! E nem sequer tens a desculpa de falta de sentido de humor!

Saúdo-te com a maior ternura. A tua amiga

---

1 Tradução de José Barreto (2022, pp. 570-571).

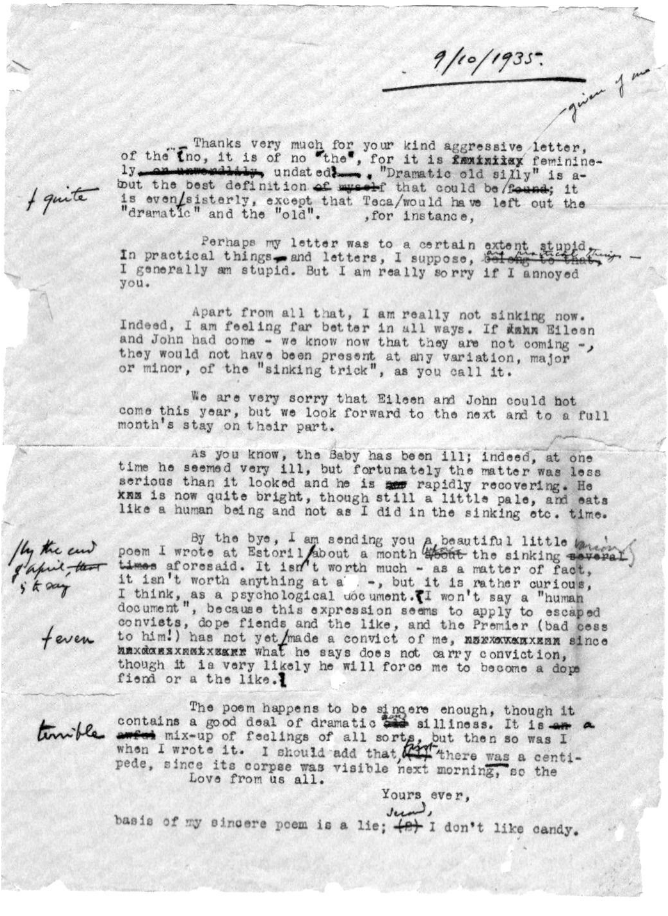

9/10/1935.

given of me

Thanks very much for your kind aggressive letter, of the (no, it is of no "the", for it is feminixy feminine-ly, ~~on unwordlily,~~ undated), "Dramatic old silly" is about the best definition ~~of myself~~ that could be / ~~found~~; it is even / sisterly, except that Teca / would have left out the "dramatic" and the "old". ,for instance,

quite

Perhaps my letter was to a certain extent stupid. In practical things and letters, I suppose, ~~belong to that,~~ practical things — I generally am stupid. But I am really sorry if I annoyed you.

Apart from all that, I am really not sinking now. Indeed, I am feeling far better in all ways. If ~~xxxx~~ Eileen and John had come - we know now that they are not coming -, they would not have been present at any variation, major or minor, of the "sinking trick", as you call it.

We are very sorry that Eileen and John could not come this year, but we look forward to the next and to a full month's stay on their part.

As you know, the Baby has been ill; indeed, at one time he seemed very ill, but fortunately the matter was less serious than it looked and he is ~~xxx~~ rapidly recovering. He ~~xxx~~ is now quite bright, though still a little pale, and eats like a human being and not as I did in the sinking etc. time.

By the bye, I am sending you a beautiful little poem I wrote at Estoril / about a month ~~about~~ the sinking ~~several times~~ aforesaid. It isn't worth much - as a matter of fact, it isn't worth anything at a -, but it is rather curious, I think, as a psychological document. (I won't say a "human document", because this expression seems to apply to escaped convicts, dope fiends and the like, and the Premier (bad cess to him!) has not yet / made a convict of me, ~~xxxxxxxxxxx~~ since ~~xxxxxxxxxxxxxxxx~~ what he says does not carry conviction, though it is very likely he will force me to become a dope fiend or a the like.)

by the end of April, ~~that~~ is to say

even

The poem happens to be sincere enough, though it contains a good deal of dramatic ~~xxx~~ silliness. It is ~~an~~ a ~~awful~~ mix-up of feelings of all sorts, but then so was I when I wrote it. I should add that, first there was a centipede, since its corpse was visible next morning, so the basis of my sincere poem is a lie; ~~(2)~~ I don't like candy.

terrible

Love from us all.

Yours ever,

RASCUNHO DATADO DE CARTA DE FERNANDO PESSOA PARA MADGE ANDERSON.

87 9-10-1935

Thanks very much for your kind aggressive letter, of the... — no, it's of no "the" for it is femininely undated. "Dramatic old silly" is about the best definition that could be given of me; it is even quite sisterly, except that Teca[1] would have left out the "dramatic" and the "old".◊, for instance, ◊

Perhaps my letter was to a certain extent stupid. In practical things — and letters, I suppose, are practical things — I generally am stupid. But I am really sorry if it annoyed you.

Apart from all that, I am really not sinking now. Indeed, I am feeling far better in all ways. If Eileen and John had come — we know now that they are not coming—, they would not have been present at any variation, major or minor, of the "sinking trick", as you call it.

We are very sorry that Eileen and John could not come this year, but we look forward to the next and to a full month's stay on their part.

As you know, the Baby[2] has been ill; indeed, at one time he seemed very ill, but fortunately the matter was less serious than it looked and he is rapidly recovering. He is now quite bright, though still a little pale, and eats like a human being and not as I did in the sinking etc. time.

By the bye, I am sending you a beautiful little poem[3] I wrote at Estoril[4] by the end of April, that is to say about a month before the

---

1 Para além de John, que era bancário, os outros dois meios-irmãos de Fernando Pessoa eram Henriqueta Madalena (ou Teca) e Luís Miguel (ou Lhi ou Michael), um engenheiro químico. Teca vivia em Portugal, John e Lhi, em Inglaterra.

2 Referência ao sobrinho de Pessoa Luís Miguel Rosa Dias, nascido a 1º de janeiro de 1931, filho de Teca e de Francisco Caetano Dias.

3 Poema intitulado "D. T." (iniciais de *delirium tremens*).

4 Portanto, o poema terá sido escrito na casa de Teca. "O poema descreve sucintamente a encruzilhada psicológica do autor, posto perante a escolha entre o alcoolismo e o amor, optando afinal pelo brandy, embora saiba que lhe matará a alma" (Barreto, 2017, p. 612).

sinking variously aforesaid. It isn't worth much — as a matter of fact, it isn't worth anything at all —, but it is rather curious, I think, as a psychological document. I won't say a "human document", because this expression seems to apply to escaped convicts, dope fiends and the like, and the Premier[1] (bad cess to him!) has not yet even made a convict of me, since what he says does not carry conviction, though it is very likely he will force me to become a dope fiend or a the like.

The poem happens to be sincere enough, though it contains a good deal of dramatic new silliness. It is a terrible mix-up of feelings of all sorts, but then so was I when I wrote it. I should add that, first, there was a centipede, since its corpse was visible next morning, so the basis of my sincere poem is a lie; second, I don't like candy.

Love from us all.

Yours ever,

9/10/1935

[trad.][2]

Muito obrigado pela tua carta simpaticamente agressiva do dia... — não, não é de dia nenhum, pois veio femininamente não datada. "Velho tonto dramático" é praticamente a melhor definição que se poderia dar de mim; parece mesmo coisa de irmã, exceto que a Teca teria omitido o "dramático" e o "velho". ◊, por exemplo, ◊

Talvez a minha carta tenha sido até certo ponto estúpida. Em coisas práticas — e cartas, suponho, são coisas práticas — eu sou geralmente estúpido. Mas lamento realmente se isso te aborreceu.

À parte isso, não estou verdadeiramente a afundar-me agora. Sinto-me, de facto, muito melhor em todos os aspetos. Se a Eileen e o John tivessem vindo — sabemos agora que já não vêm —, já não teriam

---

1 Refere-se a António de Oliveira Salazar (1889-1970).

2 Tradução de José Barreto (2017, pp. 606-609).

presenciado nenhuma variação, maior ou menor, do meu "truque de afundamento", como lhe chamas.

Temos muita pena que a Eileen e o John não tenham podido vir este ano, mas ficamos ansiosos que no próximo ano fiquem por cá um mês inteiro.

Como sabes, o Bebé tem estado doente; a dada altura, pareceu até muito doente, mas, felizmente, o caso era menos sério do que parecia e ele está a recuperar rapidamente. Está agora bastante vivo, embora ainda um pouco pálido, e come como um ser humano, não como eu comia na fase de afundamento, etc.

A propósito, envio-te junto um belo poemeto que escrevi no Estoril em fins de abril, ou seja, cerca de um mês antes do afundamento várias vezes atrás referido. Não vale muito — na verdade, não vale absolutamente nada —, mas acho que é bastante curioso como documento psicológico. Não diria como "documento humano", pois é uma expressão que parece sobretudo aplicar-se a condenados evadidos da prisão, viciados em droga e outros que tais, e o primeiro-ministro (má sorte para ele!) ainda nem sequer fez de mim um condenado, visto que o que ele diz não é convincente,[1] embora seja bastante provável que me obrigue a tornar-me um drogado ou algo semelhante.

Sucede que o poema é bastante sincero, ainda que contenha uma boa porção de nova tontice dramática. É uma terrível mistura de sentimentos de todo o tipo, mas também era assim que eu estava quando o escrevi. Devo acrescentar, em primeiro lugar, que havia realmente uma centopeia, dado que o seu cadáver estava visível na manhã seguinte, pelo que a base sincera do meu poema é, afinal, uma mentira; e em segundo lugar, que não gosto de rebuçados.

Com amor de todos nós, o sempre teu,

9/10/1935

---

1 Trocadilho intraduzível com as palavras *convict* (condenado) e *conviction* (duplo sentido de convicção e condenação). A expressão *to carry conviction* significa ser convincente. (N. T.)

D. T.

The other day indeed,
With my shoe, on the wall,
I killed a centipede
Which was not there at all.
How can that be?
It's very simple, you see –
Just the beginning of D.T.

When the pink alligator
And the tiger without a head
Begin to take stature
And demand to be fed,
As I have no shoes
Fit to kill those,
I think I'll start thinking:
Should I stop drinking?

But it really doesn't matter...
Am I thinner or fatter
Because this is this?
Would I be wiser or better
If life were other than this is?

No, nothing is right.
Your love might
Make me better than I
Can be or can try.
But we never know –
Darling, I don't know
If the sugar of your heart
Would not turn out candy...
So I let my heart smart
And I drink brandy.

POEMA "D. T." (NÃO DATADO). BNP/E3, 16A-57ʳ.

D. T.

The other day indeed,
With my shoe, on the wall,
I killed a centipede
Which was not there at all.
How can that be?
It's very simple, you see —
Just the beginning of D. T.

When the pink alligator
And the tiger without a head
Begin to take stature
And demand to be fed,
As I have no shoes
Fit to kill those,
I think I'll start thinking:
Should I stop drinking?

But it really doesn't matter...
Am I thinner or fatter
Because this is this?
Would I be wiser or better
If life were other than this is?

No, nothing is right.
Your love might
Make me better than I
Can be or can try.
But we never know —
Darling, I never know

D. T.

Realmente outro dia
Com meu sapato, na parede,
Matei uma centopeia
Que lá não estava na verdade.
Como pode isso ser?
Muito simples, veja você —
É só o começo de D. T.

Quando o jacaré rosa
E o tigre sem cabeça
Começam a ficar prosa
E exigem sobremesa,
Como não tenho solas
Capazes de matá-los,
Quero começar a querer:
Deverei parar de beber?

Não importa seja o que for...
Sou eu mais magro ou maior
Porque isso é isso?
Seria eu mais sábio ou melhor
Se a vida diferisse?

Não, nada certo está.
O teu amor quiçá
Me fará melhor do que eu
Posso ser ou tentar.
Mas nunca podemos saber —
Querida, eu não posso saber

If the sugar of your heart
Would not turn out candy…
So I let my heart smart
And I drink brandy.

Se o açúcar do teu peito
Não se tornaria um docinho…
Deixo, então, o peito esperto
E bebo vinho.

DT-2

DT-2

Then the centipedes come
Without trouble.
I can see them well
Or even double.
I'll see them home
With my shoe,
And, when they all go to hell,
I'll go too.

Então as centopeias vêm
Sem dificuldades.
Posso vê-las bem
Ou mesmo em dualidade.
Vou levá-las a casa
Com minha sola rasa,
E, quando todos vão a Hades,
Irei também.

Then, on a whole,
I shall be happy indeed,
Because, with a shoe
Real and true,
I shall kill the true centipede —
My lost soul…

Então, nesta medida,
Realmente feliz serei,
Realmente feliz serei,
Real e de facto,
A vera centopeia matarei —
Minha alma perdida…[1]

---

1 Versão em português deste poema e do anterior por Carlos A. Pittella; cf. Pittella e Pizarro (2016; 2017, pp. 97-101).

16A-56

DT-2.

Then the centipedes come
Without trouble.
I can see them well
Or even double.
I'll see them home
With my shoe,
And, when they all go to hell,
I'll go too.

Then, on a whole, I
I shall be happy indeed,
Because, with a shoe
Real and true,
I shall kill the true centipede -
My lost soul...

Fernando Pessoa.

POEMA "DT-2" (NÃO DATADO). BNP/E3, 16A-56^r.

88 14-11-1935

1 Catherine House
Catherine Street
VIC 6317   **S.W. 1.**

Fernando My Dear

My little poem was a great pleasure and so was the letter that accompanied it. The time I have taken to reply is a further tribute to you since on all the occasions when I have intended writing and failed to do so I have devoted many thoughts to you.

I feel almost as depressed as you did when you wrote the first time. Everything seems to go wrong at the same time: or a probable explanation to account for it all would be some strange humour in the blood stream!

Anyway life seems hell and death about the same thing at the moment and brandy is dearer here and ruins the complexion and gives rise to poems not all as worth committing to paper as the one its author condemned.

John and Eileen came both from Mallorca the other day and were delighted as I was to hear of the Baby's recovery.

By the way — it's the 14th November and election day so don't complain of my lack of vote or femininity. I caused indignation by refusing to vote on the grounds that parliament should be abolished.[1]

---

1   "Presumindo-se que Madge terá enviado a sua carta na data em que a escreveu, Pessoa tê-la-á recebido por volta de 20 ou 21 de novembro. Como se sabe, o poeta teve uma crise a 26, foi internado no hospital a 28 e morreu a 30 de novembro de 1935. Conclui-se, portanto, que Pessoa terá recebido a carta de Madge poucos dias antes de ser internado. Não existem indícios de que ainda lhe tenha respondido" (Barreto, 2017, p. 613).

I'd love to be setting off on a visit to you all again. Since I saw you I've done seven months work and by Jove! it's too much at a stretch.

Write me another little poem[1] sometime soon and teach me how to recover my spirits as I tried to do for you!

Give my love to all the family not forgetting yourself.

[trad.][2]

1 Catherine House
Catherine Street
VIC 5317 S.W. 1.

Meu querido Fernando,

O meu poemeto deu-me um grande prazer, tal como a carta que o acompanhou. O tempo que demorei a responder é mais uma homenagem a ti, pois que, em todas as ocasiões em que tencionei escrever-te e não consegui, dediquei-te sempre muitos pensamentos.

Sinto-me quase tão deprimida como tu estavas da primeira vez que me escreveste. Tudo parece correr mal ao mesmo tempo; ou uma

---

1 "Coincidindo aproximadamente com a chegada desta carta, em que Madge expressa o seu desejo de voltar a Lisboa após sete meses de ausência, Pessoa redigiu o poema [...] de 22 de novembro de 1935, com o incipit 'The happy sun is shining...' e o refrão 'What matters is just you'. O tema desses versos é muito simples e enfaticamente repetido pelo poeta nas três estrofes: o sol brilha, a natureza irradia alegria, mas a sua amada está longe, e só ela importa" (Barreto, 2017, p. 619).

Este poema, o último que Fernando Pessoa datou, "se não mesmo o último poema que escreveu na sua vida, em qualquer língua", e outros anteriores, como "A rapariga inglesa, tão loura, tão jovem, tão boa", de 29 de junho de 1930, ou "The girl I had and lost...", encontram-se nos anexos do contributo de Barreto.

2 Tradução de José Barreto (2017, pp. 613-618; cf. fac-símile).

provável explicação para tudo isto seria a presença de um estranho humor na circulação sanguínea!

De qualquer modo, a vida parece um inferno e a morte mais ou menos o mesmo neste momento, e o brandy é aqui mais caro e dá cabo da aparência física e dá origem a poemas que não valem tanto a pena ser passados a papel como aquele que o seu autor condenou.

O John e a Eileen regressaram no outro dia de Mallorca e ficaram encantados por saberem da recuperação do Bebé.

A propósito, hoje é 14 de novembro e dia de eleições, por isso não te queixes da minha falta de voto e da minha feminilidade. Causei indignação por ter recusado votar com o argumento de que o parlamento devia ser abolido.

Adoraria estar novamente de partida em visita a vocês todos. Desde que vos vi, já trabalhei sete meses e, por Júpiter!, é demasiado duma só vez.

Escreve-me outro poemeto em breve e ensina-me a levantar o ânimo, tal como eu tentei fazer contigo!

Com o meu amor para toda a família, não te esquecendo a ti

22 - XI - 1935.

49 A³ 19

My heart is sick of dreams

The happy sun is shining,
The fields are green and gay.
But my poor heart is pining
For something far away.
It's pining just for you,
It's pining for your kiss.
It does not matter if you're true
To this.
What matters is just you.

sea is beaming
I know the ~~waves are~~ gleaming
Under the summer sun.
I know the waves are playing,
Each one and every one.
But I am far from you,
Oh so far from your kiss!
And that's all that is ~~really~~ true
In this.
What matters is just you.

"THE HAPPY SUN IS SHINING…" (BNP/E3, 49A^z-19^r).

"THE HAPPY SUN IS SHINING…" (BNP/E3, 49A⁷-19ᵛ).

The happy sun is shining,	*O sol feliz brilha*
The fields are green and gay,	*Os campos estão verdes e alegres*
But my poor heart is pining	*Mas o meu pobre coração anseia*
For something far away.	*Por algo que está longe.*
It's pining just for you,	*Anseia só por ti,*
It's pining for your kiss.	*Anseia pelo teu beijo.*
It does not matter if you're true	*Não importa se és fiel*
To this.	*A isto.*
What matters is just you.	*O que importa és só tu.*

I know the sea is beaming	*Sei que o mar reluz*
Under the summer sun.	*Sob um sol de verão.*
I know the waves are gleaming,	*Sei que as ondas cintilam*
Each one and every one.	*Cada uma e todas elas.*
But I am far from you,	*Mas eu estou longe de ti,*
Oh so far from your kiss!	*Oh, tão longe do teu beijo!*
And that's all that is really true	*E apenas essa é a verdade*
In this.	*Nisto.*
What matters is just you.	*O que importa és só tu.*

Oh, yes, the sky is splendid,	*Oh, sim, o céu resplende,*
So blue as it is now,	*Tão azul, agora mesmo,*
The air and light are blended	*Confundem-se ar e luz*
Oh, yes, but, anyhow,	*Oh, sim, mas, no entanto,*
Nothing of this is you,	*Nada disto és tu,*
I'm absent from your kiss	*Eu estou ausente do teu beijo*
That's all I get that is sad and true	*Só essa triste verdade colho*
From this.	*Disto.*
What matters is just you.	*O que importa és só tu.*[1]

---

1 Tradução, tanto quanto possível literal, de José Barreto, com a colaboração de Ricardo Vasconcelos.

3.
CADERNO DE IMAGENS

"VAI-TE EMBORA, SOL DOS CÉUS!" (BNP/E3, 58A-19ʳ).
DESTE POEMA, DE 11 DE JULHO DE 1920, ASSINADO POR ÍBIS,
EXISTE OUTRO TESTEMUNHO, COM O TÍTULO "TECA",
FAC-SIMILADO EM FRANÇA (1987, P. 261). OFÉLIA CHEGOU
A MANIFESTAR OS CIÚMES QUE SENTIA DA IRMÃ DE PESSOA.

Vai-te embora, Sol dos céus!
Os olhos da minha irmã
Foram criados por Deus
Pra arreliar a manhã.

E se alguns acham mais bela
A noite, e mais cheia de alma,
Reparem que os olhos dela
São da cor da noite calma.

Assim, manhãs na viveza
E noite na cor que têm,
Se os há iguais em beleza
Inda os não usou ninguém.

FRAGMENTOS POÉTICOS EM INGLÊS DATADOS DE 8 DE OUTUBRO DE 1920,
O ÚLTIMO DOS QUAIS SOBRE "ANTINOUS" (BNP/E3, 58A-21ᵛ):
"THE BOY ANTINOUS WHOM HADRIAN KISSED". SEGUNDO PESSOA, ESTE
POEMA OBSCENO REPRESENTARIA O CONCEITO GREGO DO MUNDO SEXUAL.

CARTA DE PESSOA PARA OFÉLIA
DE 28 DE MARÇO DE 1920.

CARTA DE PESSOA PARA OFÉLIA DE 29 DE MAIO DE 1920.

CARTA DE PESSOA PARA OFÉLIA
DE 31 DE MAIO DE 1920.

Bibèzinho ó Nininho ninho:

Ih!

   Venho só querê pã dizê ó Bibèzinho
que gotei muito da catinha d'ella. Ih!
   E tambem tivé muinta pena de não
tá ó pé do Bibé pã le dá jinhos.
   Ih! O Nininho é pequininininho!
   Hoje o Nininho não vae a Belem
porque, como não sabá s'havrá carros,
continuou tá aqui tó seis óas.
   Amanhã, a não sê qu'o Nininho
não possa é que sabe d'aqui pelos
cinco e meia ☐ ← (ito é a meiá dos
cinco e seis).
   Amanhã o Bibé espera pelo
Nininho, sim? En Belem, sim? Sim?
         Jinhos, jinhos e mais jinhos

                              Fernando

31/5/1920.

APARTADO 147
LISBOA

Ophelinha:

Gostei do coração de sua carta, e realmente não vejo que a photographia de qualquer meliante, ainda que esse meliante seja o irmão gemeo que não tenho, forme motivo para agradecimentos. Então uma sombra bebada occupa logar nas lembranças?

Ao meu exilio, que sou eu mesmo, a sua carta chegou como uma alegria lá de casa, e sou eu que tenho que agradecer, pequenina.

Já agora uso a occasião e peço-lhe desculpa de tres coisas, que são a mesma coisa, e de que não tive culpa. Por tres vezes a encontrei e a não cumprimentei, porque a não vi bem ou, antes, a tempo. Uma vez foi já ha muito, na Rua do Ouro e á noite; ia a Ophelinha com um rapaz que suppuz seu noivo, ou namorado, mas realmente não sei se era o que era justo que fosse. As duas outras vezes foram recentes, e no carro em que ambos seguiamos no sentido que acaba na Estrella. Vi-a, agora das ..., só de oculos, e os desgraçados que usam oculos teem o olhar imperfeito.

Outra coisa ... Não, não é' nada, bocca doce. --

Fernando.

11/9/1929.

CARTA DE PESSOA PARA OFÉLIA DE 11 DE SETEMBRO DE 1929.

APARTADO 147
LISBOA

Bébé:

[carta manuscrita]

16/XII/1929.

CARTA DE PESSOA PARA OFÉLIA DE 16 DE DEZEMBRO DE 1929.

CARTA DE PESSOA PARA OFÉLIA DE 11 DE JANEIRO DE 1930.

CARTAS DE AMOR

O meu amor estará pensando também no seu Bebé como ele está pensando no seu *Nininho*? Escrevo-lhe para que veja que o não esqueço, como muitas vezes pensará. É tão triste estarmos separados de noite não é, Fernandinho? Devíamos estar também juntos de noite como estamos de dia, não devíamos? E darmos também muitos beijinhos.

O teu amor é a minha vida;

Só em ti penso;

Oh! como é belo ver realizado um sonho que se idealiza!;

Oh! como é belo ouvir dizer da tua boca: Amo-te! Sou tua! O.Q.

Proprietà artistica riservata - Serie N. 2132.

Meu Fernandinho querido

São 10 ¼, já tenho immensas saudades do meu amôr, tomára já amanhã para o vêr e para... não digo o resto porque o meu Fernandinho idiozinho. O meu amôr estará pensando tambem o seu Bébé como elle está pensando no seu Nininho? Escrevo-lhe para que veja que o não esqueço, (como) muitas vezes per sou. É tão triste estarmos separados de noi te não é Fernandinho? Deviamos estar tam bem juntos de noite como estamos de dia não deviamos? E darmos tambem muitos beijinhos. Mas lá virá esse tempo não é verdade meu amor? eu que não estou receio tambem muito juntinho de noite sem amor receio de ninguem, sem que ninguem tenha ciada com o nosso amôr. Havemos de ser muito felizes e muito muito amiguinhos, o peor é o meu Fernandinho ser tão ciumento, mas eu tenho muita paciencia para elle porque sou muito sua amiguinha. O meu Amôr zinho vae ver como ha de ser feliz com a sua Ofelinha tomára já esse tempo. Vae ficar admirado ao dar-lhe o meu bilhete mas d'esta vez vae ficar mas con tentinho de que com os outros não vae meu amôr. Adeus vou cear, depois deitar-me e pensando sempre no meu querido amor. É verdade Fernandinho?

Muitos beijinhos da sua Ofelia

5-3-920

POSTAL DE OFÉLIA PARA PESSOA DE 5 DE MARÇO DE 1920.

POSTAL DE OFÉLIA PARA PESSOA DE 20 DE MAIO DE 1920.

O seu bebezinho ficou com muita muita pena de o não ver hoje e não saber qual o motivo. Eu cheguei ao pé da Estação dos carros eram quase seis e quinze e estive lá até às 25 para as sete e não o vi, mas como o meu amorzinho não tinha ficado zangadinho ontem calculei que foi porque não pôde e conformei-me mais um bocadinho. Oxalá não estejas doentinho, ou não seja outra coisa qualquer má, eu esta noite sonhei com mar...

[...] Gostas também deste postal? É engraçadinho, não é? É o Nininho a dar beijinhos no ombro do bebé, (um dia...)

Tenho muitas saudades de te ver amorzinho [amanhã] vai cedinho chim meu *nibizinho*?

POSTAL DE OFÉLIA PARA PESSOA DE 29 DE JULHO DE 1920.

Ai meu Nininho tu tens andado o que se chama um amor! Mereces tudo, meu Nininho, mereces milhares de jinhos. Quem tos pudesse dar! Quando te poderei eu, dar um jinho? Este postal é os nossos *petits* Íbis a seguirem-nos o exemplo. São interessantes a valer, não são?

Les *petits* Íbis.

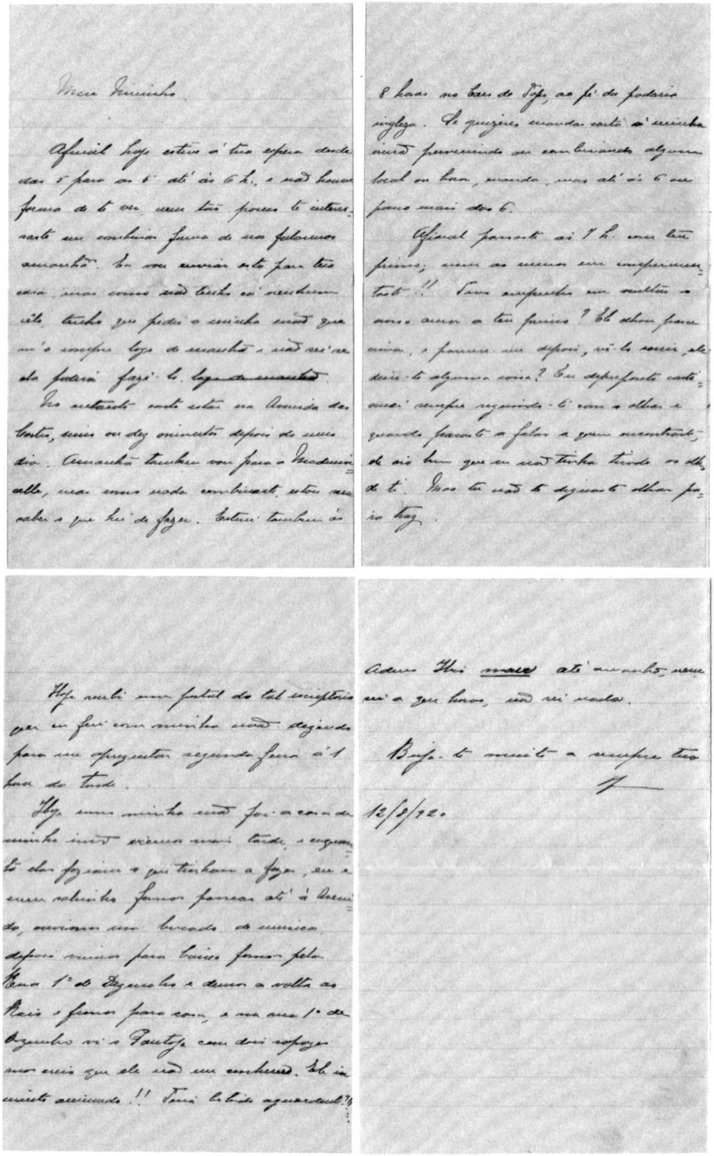

Meu Nininho

Afinal hoje estive á tua espera desde das 5 para as 6 até ás 6 h. e não houve forma de te ver, nem tão pouco te interessaste em combinar forma de nos falarmos amanhã. Eu vou enviar esta para tua casa, mas como não tenho cá nenhum sêlo, tenho que pedir á minha irmã que m'o compre logo de manhã e não sei se ela poderá fazê-lo. ~~logo de manhã~~

No entanto conto estar na Avenida das Cortes, nove ou dez minutos depois do meio dia. Amanhã também vou para a Madureira, mas como nada combinaste estou sem saber o que hei de fazer. Estive também ás 8 horas no Cais do Sodré, ao pé da padaria ingleza. Se quizeres mandar carta á minha irmã prevenindo-me combinando algum local ou hora, manda, mas até ás 6 ou pouco mais das 6.

Afinal passaste ás 7 h. com teu primo; nem ao menos me cumprimentaste!! Tens suspeitas em contar o nosso amor a teu primo? Ele olhou para mim, e pareceu-me depois, vê-lo sorrir, ele disse-te alguma coisa? Eu especialmente continuei sempre seguindo-te com o olhar e quando paraste a falar a quem encontraste, de vi bem que eu não tinha tirado os olhos de ti. Mas tu não te dignaste olhar para traz.

Hoje recebi um postal do tal escriptorio que eu fui com minha irmã dizendo para me apresentar segunda feira á 1 hora da tarde.

Hoje com minha irmã fui a casa de minha irmã viemos mais tarde, e enquanto ellas fazeram o que tinham a fazer, eu e meu sobrinho fomos passear até á Avenida, ouvimos um bocado de musica, depois viemos para baixo fomos pela Rua 1° de Dezembro e demos a volta ao Rocio e fomos para cima, e na rua 1° de Dezembro vi o Pantufa com dois rapazes mas creio que ele não me conheceu. Ele ia muito animado!! Teria bebido aguardente?!

Adeus Ibis ~~mau~~ até amanhã, nem sei o que temos, não sei nada.

Beijo-te muito e sempre tua

O—

12/8/920.

CARTA DE OFÉLIA PARA PESSOA DE 12 DE AGOSTO DE 1920.

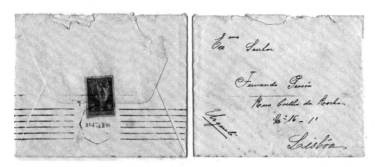

ENVELOPE DA CARTA DE 12 DE AGOSTO DE 1920.

Afinal hoje estive à tua espera desde das cinco para as cinco até às seis horas, e não houve forma de te ver, nem tão pouco te interessaste em combinar forma de nos falarmos amanhã. [...]

Afinal passaste às sete horas com teu primo; nem ao menos me cumprimentaste!! Tens empenho em ocultar o nosso amor a teu primo? Ele olhou para cima, e pareceu-me depois, vê-lo sorrir, ele disse-te alguma coisa? [...]

Hoje como minha mãe foi a casa de minha irmã viemos mais tarde, e enquanto elas faziam o que tinham a fazer, eu e meu sobrinho fomos passear até à avenida, ouvimos um bocado de música, depois viemos para baixo, fomos pela rua 1º de Dezembro e demos a volta ao Rossio e fomos para casa, e na rua 1º de Dezembro vi o Pantoja com dois rapazes mas creio que ele não me conheceu. Ele ia muito animado!! Teria bebido aguardente???...

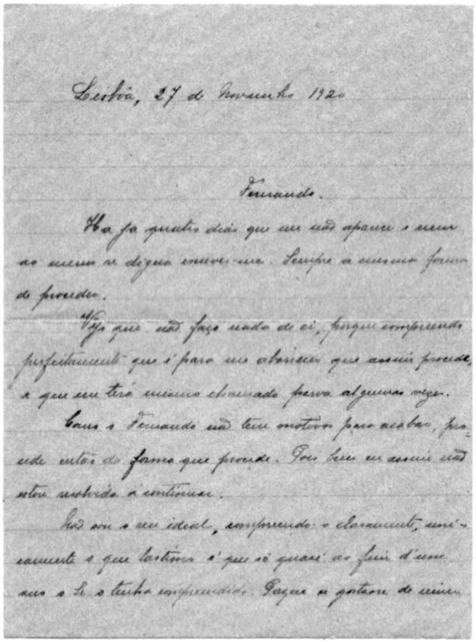

CARTA DE OFÉLIA PARA PESSOA
DE 27 DE NOVEMBRO DE 1920.

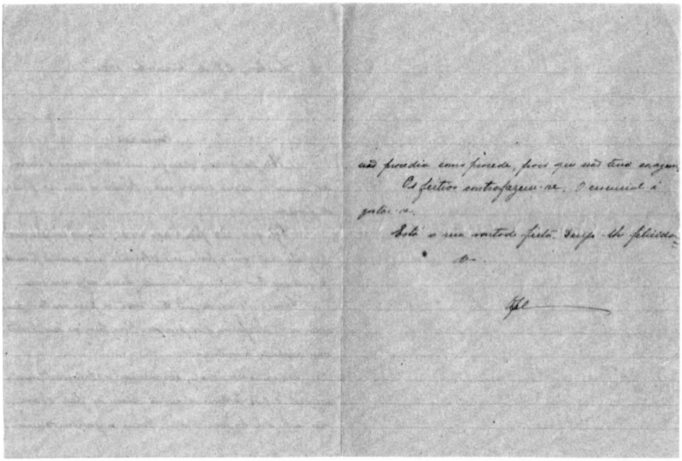

CARTA E ENVELOPE DE 27 DE NOVEMBRO DE 1920.

Há já quatro dias que me não aparece e nem ao menos se digna escrever-me. Sempre a mesma forma de proceder.

Vejo que não faço nada de si, porque compreendo perfeitamente que é para me aborrecer que assim procede e que me terá mesmo chamado parva algumas vezes.

Como o Fernando não tem motivos para acabar, procede então da forma que procede. Pois bem eu assim não estou resolvida a continuar.

Não sou o seu ideal, compreendo-o claramente, unicamente o que lastimo é que só quase ao fim de um ano o sr. o tenha compreendido. Porque, se gostasse de mim, não procedia como procede, pois que não teria coragem.

Os feitios contrafazem-se. O essencial é gostar-se.

Está a sua vontade feita. Desejo-lhe felicidades.

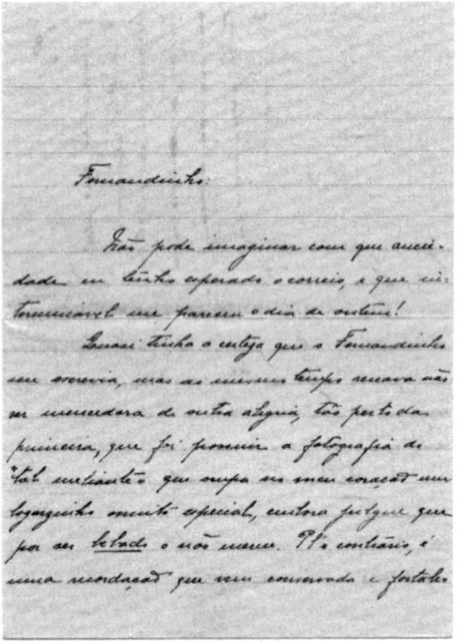

CARTA DE OFÉLIA PARA PESSOA
DE 12 DE SETEMBRO DE 1929.

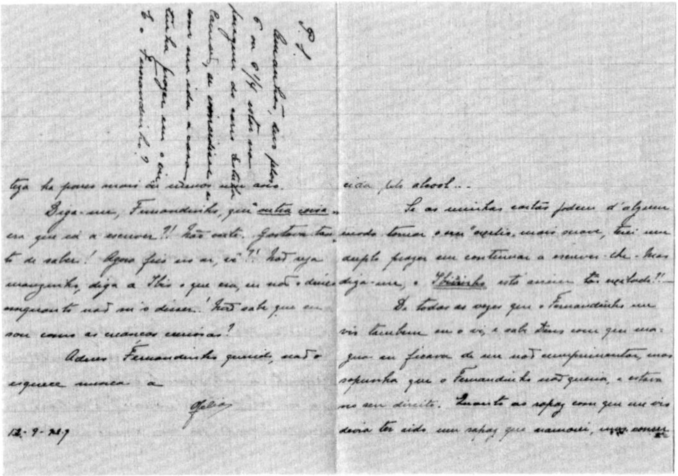

ENVELOPE DA CARTA DE 12 DE SETEMBRO DE 1929.

Não pode imaginar com que ansiedade eu tenho esperado o correio, e que interminável me pareceu o dia de ontem!

Quase tinha a certeza que o Fernandinho me escrevia, mas ao mesmo tempo receava não ser merecedora de outra alegria, tão perto da primeira, que foi possuir a fotografia do "tal meliante" que ocupa no meu coração um lugarzinho muito especial, embora julgue que por ser *bêbado* o não merece. [...]

Se as minhas cartas podem d'algum modo tornar o seu "exílio" mais suave, terei um duplo prazer em continuar a escrever-lhe. Mas diga-me, o *Ibizinho* está assim tão exilado?!...

[...]

P. S.

Amanhã, devo pelas seis ou seis e um quarto estar na paragem do carro Estrela-Camões, se coincidisse eu com sua ida a casa, tinha prazer em o ver. E o Fernandinho?

TELEGRAMA DE OFÉLIA PARA PESSOA DE 13 DE JUNHO DE 1935.

ÍNDICE ONOMÁSTICO

Abel (vide Fonseca, Abel Pereira da)
Anderson, Eileen 21, 22, 157, 159, 161-163,
   168, 170
Anderson, James 22
Anderson, Madge 21, 22, 153-156, 158,
   160, 168, 169
Antinous [Antínoo] 178
Areal, Leonor 151
Azevedo, Maria da Conceição 13
Azevedo, Maria Teresa Schiappa de 18

Barreto, José 21, 22, 38, 58,
   112, 153-156, 159, 161,
   162, 168, 169, 173

C. Dupin & Cia. 42, 44, 69
Câmara, D. João da 104
Campos, Álvaro de 13, 18,
   60, 62, 67, 73, 77, 91,
   108, 109, 115
Cardiello, Antonio 115, 122, 123
Cloe 18
Costa, Eduardo Freitas da 57
Crespo, Ángel 21
Cristo 147
Crosse, Sr. A.A. 45, 46, 54, 60, 64
Crowley, Aleister 19, 20
Cunha, Eduardo 14, 19, 35, 60, 69
Cunhada de Pessoa
   (vide Anderson, Eileen)
Cunhado de Pessoa
   (vide Dias, Francisco Caetano)

D.A.F. 60
Dias, Francisco Caetano 161
Dias, Luís Miguel Rosa 161
Dias, Manuela Nogueira Rosa
   12, 13, 107, 153
Dupin (vide C. Dupin & Cia.)

Fallon, Mr. 151
Félix, José Damião 58
Félix, Valladas & Freitas, Ltd.
   12, 38, 43, 52, 56, 66, 87
Ferrari, Patricio 115, 122, 123
Ferreira, António Mega 78
Fonseca, Abel Pereira da
   17, 101, 102, 106, 108, 111
França, Isabel Murteira 22
Frederico Ferreira & Ávila, Ltd. 89
Freitas, Mário Nogueira de
   13, 40, 43, 52, 54, 58, 78

García Schnetzer, Alejandro 116
Guarda-livros da C. Dupin & Cia. 60

Hadrian [Adriano] 178
Hamlet 15
Harries, Miss 151
Henriques e Cia., Ltd. 82
Henriqueta (vide Rosa, Henriqueta
   Madalena Nogueira)
Hora, Manuel Martins da 101

Íbis 65, 67, 71, 72, 77, 82-84,
   114, 116, 176, 189
Irmã de Ofélia (vide Queiroz, Joaquina)

Jaeger, Hanni Larissa 19
Jennings, Hubert D. 96
João Maria (meio-irmão de Pessoa;
   vide Rosa, João Maria Nogueira)
John (meio-irmão de Pessoa; vide Rosa,
   João Maria Nogueira)

Lago, Pedro Corrêa do 23
Lhi (meio-irmão de Pessoa; vide Rosa,
   Luís Miguel Nogueira)
Lídia 16, 18

Lima, Fernando Lobo d'Avila 112
Lima, José Caetano Lobo
de Ávila da Silva 112
Lima, Manuel Lobo d'Avila 112
Loura de olhos azúis 55
Luís Miguel (meio-irmão de Pessoa;
vide Rosa, Luís Miguel Nogueira)

MacManus, Jack 22
Mãe de Pessoa (vide Nogueira,
Maria Magdalena Pinheiro)
Magneto Portuguesa, Ltd. 55
Meia-irmã de Pessoa (Henriqueta
Madalena ou Teca; vide Rosa,
Henriqueta Madalena Nogueira)
Meio-irmão de Pessoa (João Maria ou
John; vide Rosa, João Maria Nogueira)
Meio-irmão de Pessoa (Luís Miguel
ou Michael ou Lhi; vide Rosa,
Luís Miguel Nogueira)
Michael (vide Rosa, Luís Miguel Nogueira)
Mimi (vide Dias, Manuela Nogueira Rosa)
Mourão-Ferreira, David 18, 20
Murphy, Teresa 22
Museu-Biblioteca Conde
de Castro Guimarães 110

Nogueira, Ana Luísa Pinheiro 40, 57
Nogueira, Manuela (vide Dias,
Manuela Nogueira Rosa)
Nogueira, Maria Magdalena Pinheiro
19, 39, 46, 50, 54-56, 59

Olímpio Chaves [firma] 65
Osório 38, 40, 42-44, 50-52,
56, 61, 64, 68, 69, 86

Padrasto de Pessoa
(vide Rosa, João Miguel)
Pantoja, Joaquim 38, 58, 191
Pereira, Ana Marques 86
Pessoa respeitável 42-45
Pittella, Carlos 100, 166
Pizarro, Jerónimo 90, 115, 122, 123, 166

Primo de Fernando Pessoa (vide Freitas,
Mário Nogueira de)

Queiroz, Carlos 11, 17,
101, 103, 122, 123, 127
Queiroz, Joaquina 16, 42-45,
52, 53, 56, 62-64, 69, 84-86,
90, 103, 191

Reis, Luís da Câmara 112
Reis, Ricardo 17, 18
Rodrigues, Martinho Bartolomeu 52
Rosa, Henriqueta Madalena Nogueira
18, 19, 21, 39, 59, 161, 162, 176
Rosa, João Maria Nogueira 21, 22,
157, 159, 161-163, 168, 170
Rosa, João Miguel 12
Rosa, Luís Miguel Nogueira 21, 22, 59, 161

Salazar, António de Oliveira 162, 163
Santana, Mariano 57, 59
Seabra, José Augusto 18
Severino, Alexandrino Eusebio 96
Shakespeare, William 16
Silva, Eugénio 36
Silva, Manuela Parreira da 17, 21, 64, 82
Silvano, António Pinheiro 59
Sobrinho de Ofélia Queiroz
(vide Queiroz, Carlos)

Tabucchi, Antonio 11
Teca (vide Rosa, Henriqueta
Madalena Nogueira)
Tia Anica (vide Nogueira,
Ana Luísa Pinheiro)

Valladas, Fernando 42, 50, 52, 58
Vasconcelos, Ricardo 173
Vieira, António Pina 82
Viel, Ricardo 116

Young, Morag 155

Zenith, Richard 15, 125

BIBLIOGRAFIA

Almeida, Aníbal (1988). "Jogo da glória com cartas de amor". *Vértice*, 2ª série, nº 9, Lisboa, dezembro, pp. 79-85.

Almeida, Luís Pedro Moitinho de (1985). *Fernando Pessoa no cinquentenário da sua morte*. Coimbra: Coimbra Editora.

Azevedo, Maria Teresa Schiappa de (1994). "Cloe em Ricardo Reis/ Fernando Pessoa". *Hvmanitas*, nº 46 (miscelânea em honra de Walter de Medeiros e Manuel Pulquério), Coimbra, pp. 417-431.

____ (1992). "Um topos horaciano e ricardiano: O 'convite ao amor'". *Biblos*, vol. LXVIII (miscelânea em honra de Américo da Costa Ramalho), Coimbra, pp. 77-87.

Barreto, José (2022). "Outra carta de Madge: Adenda ao artigo 'A última paixão de Fernando Pessoa'". *Pessoa Plural: A Journal of Fernando Pessoa Studies*, nº 22, outono, pp. 568-574. Brown Digital Repository. Brown University Library. https://doi. org/10.26300/mfrw-sm68.

____ (2017). "A última paixão de Fernando Pessoa". *Pessoa Plural: A Journal of Fernando Pessoa Studies*, nº 12, outono, pp. 596-641. Brown Digital Repository. Brown University Library. https://doi.org/10.7301/Z0QJ7FJ9.

____ (2016). "Os destinatários dos panfletos pessoanos de 1923". *Pessoa Plural: A Journal of Fernando Pessoa Studies*, nº 10, outono, pp. 628-703. DOI: https://doi.org/10.7301/Z04X5600.

Centeno, Y. K. (1979). "Ophélia: Bébézinho ou o 'horror do sexo'".

Colóquio/Letras, nº 49, maio, pp. 11-19. https://coloquio.gulbenkian.pt/. Incluído em: *Fernando Pessoa: O amor, a morte, a iniciação*. Lisboa: A Regra do Jogo, 1985, pp. 11-21.

Costa, Eduardo Freitas da (1951). *Fernando Pessoa: Notas a uma biografia romanceada*. Lisboa: Guimarães & Cª Editores.

Crespo, Ángel (1989). "El último amor de Fernando Pessoa". *Revista de Occidente*, nº 94, Madrid, pp. 5-26. Número dedicado a "Pessoa y su siglo".

Ferreira, António Mega (2005). *Fazer pela vida: Um retrato de Fernando Pessoa, o empreendedor*. Lisboa: Assírio & Alvim.

França, Isabel Murteira (1987). *Fernando Pessoa na intimidade*. Lisboa: Dom Quixote.

García Schnetzer, Alejandro; Viel, Ricardo (2021). "Retrato de Fernando Pessoa redescoberto". *Pessoa Plural: A Journal of Fernando Pessoa Studies*, nº 20, outono, pp. 149-156. Brown Digital Repository. Brown University Library. DOI: https://doi.org/10.26300/47p3-dz36.

Jackson, K. David (2010). "'All Love Letters Are Ridiculous': Fernando's Sentimental Education". *Adverse Genres in Fernando Pessoa*. New York: Oxford University Press, pp. 93-107.

Klobucka, Anna M. (2007). "Together at Last: Reading the Love Letters of Ophelia Queiroz and Fernando Pessoa". *Embodying Pessoa: Corporeality, Gender, Sexuality*. Organização de Anna Klobucka e Mark Sabine. Toronto: University of Toronto Press, pp. 224-241.

Lancastre, Maria José de (1986). *Fernando Pessoa: Uma fotobiografia*. Lisboa: Imprensa Nacional-Casa da Moeda/ Centro de Estudos Pessoanos, 4ª ed.

Lopes, Teresa Rita (1990). *Pessoa por conhecer. I. Roteiro para uma exposição; II. Textos para um novo mapa*. Lisboa: Estampa. 2 tomos.

Lourenço, Eduardo (2013). "Amor e literatura". *Fernando Pessoa & Ofélia Queiroz: Correspondência amorosa completa 1919-1935*. Organização de Richard Zenith. Rio de Janeiro: Capivara, pp. 11-13.

_____ (1974). *Pessoa revisitado: Leitura estruturante de um drama em gente*. Porto: Inova.

Monteiro, George (2013). "Ophelia's Lovers". *Pessoa Plural: A Journal of Fernando Pessoa Studies*, nº 4, outono, pp. 31-46. Brown Digital Repository. Brown University Library. DOI: https://doi.org/10.7301/Z0319TCM.

Pessoa, Fernando (2020). *Mensagem*. Edição de Jerónimo Pizarro; leituras do texto de António Cirurgião, Onésimo T. Almeida, Helder Macedo e José Barreto. Lisboa: Tinta-da-china.

_____ (2019). *O mistério da Boca do inferno. Correspondência e novela policial*. Edição de Steffen Dix. Traduções de Sofia Rodrigues. Lisboa: Tinta-da-china.

_____ (2017). *Livro do desassossego*. Edição de Jerónimo Pizarro. Lisboa: Tinta-da-china. 1ª ed., outubro de 2013; 3ª ed., janeiro de 2017.

[Ed. bras.: (2023). *Livro do desassossego*. Edição de Jerónimo Pizarro. São Paulo: Tinta-da-China Brasil.]

_____ (2016). *Eu sou uma antologia: 136 autores fictícios*. Edição de Jerónimo Pizarro e Patricio Ferrari. Lisboa: Tinta-da-china. 1ª ed., novembro de 2013; 2ª ed. de bolso, maio de 2016.

[Ed. bras.: (2017). *136 pessoas de Pessoa*. Edição de Jerónimo Pizarro e Patricio Ferrari. Rio de Janeiro: Tinta-da-China Brasil.]

_____ (2014). *Obras completas de Álvaro de Campos*. Edição de Jerónimo Pizarro e Antonio Cardiello; colaboração de Jorge Uribe e Filipa de Freitas. Lisboa: Tinta-da-china.

[Ed. bras.: (2015). *Obra completa de Álvaro de Campos*. Edição de Jerónimo Pizarro e Antonio Cardiello; colaboração de Jorge Uribe e Filipa de Freitas. Rio de Janeiro: Tinta-da-China Brasil.]

_____ (2013). *Apreciações Literárias*. Edição de Pauly Ellen Bothe. Lisboa: Imprensa Nacional-Casa da Moeda.

_____ (2010). *Livro do desasocego*. Edição crítica de Jerónimo Pizarro. Lisboa: Imprensa Nacional-Casa da Moeda. 2 tomos.

_____ (2009). *Cartas de amor a Ophélia Queiroz*. Organização, posfácio e notas de David Mourão--Ferreira; relato de Ophélia Queiroz recolhido pela sobrinha-neta Maria da Graça Queiroz. Lisboa: Ática [Guimarães Editores].

_____ (2006). *Poesia 1931-1935 e não datada*. Edição de Manuela Parreira da Silva, Ana Maria Freitas e Madalena Dine. Lisboa: Assírio & Alvim.

_____ (2005a). *Poemas 1915-1920*. Edição crítica de João Dionísio. Lisboa: Imprensa Nacional-Casa da Moeda.

_____ (2005b). *Poesia 1902-1917*. Edição de Manuela Parreira da Silva, Ana Maria Freitas e Madalena Dine. Lisboa: Assírio & Alvim.

_____ (2005c). *Poesia 1918-1930*. Edição de Manuela Parreira da Silva, Ana Maria Freitas e Madalena Dine. Lisboa: Assírio & Alvim.

[Ed. bras.: (2007). *Poesia 1918-1930*. São Paulo: Companhia das Letras.]

Pessoa, Fernando (2004).
Poemas 1931-1933. Edição crítica
de Ivo Castro. Lisboa: Imprensa
Nacional-Casa da Moeda.

____ (2003). *Escritos autobiográficos,
automáticos e de reflexão pessoal*. Edição
de Richard Zenith; colaboração de
Manuela Parreira da Silva. Lisboa:
Assírio & Alvim.

____ (2001a). *Cartas de amor*.
Organização, posfácio e notas de
David Mourão-Ferreira; preâmbulo e
estabelecimento do texto de Maria da
Graça Queiroz. Lisboa: Nova Ática.

____ (2001b). *Poemas 1921-1930*. Edição
crítica de Ivo Castro. Lisboa: Imprensa
Nacional-Casa da Moeda.

____ (2000). *Poemas 1934-1935*.
Edição crítica de Luís Prista. Lisboa:
Imprensa Nacional-Casa da Moeda.

____ (1999). *Correspondência: 1923-1935*.
Edição de Manuela Parreira da Silva.
Lisboa: Assírio & Alvim.

____ (1998a). *Cartas entre Fernando Pessoa
e os directores da Presença*. Edição e
estudo de Enrico Martines. Lisboa:
Imprensa Nacional-Casa da Moeda.

____ (1998b). *Correspondência: 1905-1922*.
Edição de Manuela Parreira da Silva.
Lisboa: Assírio & Alvim.

____ (1997a). *Quadras*. Edição crítica
de Luís Prista. Lisboa: Imprensa
Nacional-Casa da Moeda.

____ (1997b). *Quadras e outros cantares*.
Edição de Teresa Sobral Cunha.
Lisboa: Relógio d'Água.

____ (1996). *Correspondência inédita*.
Edição de Manuela Parreira da Silva.
Lisboa: Livros Horizonte.

____ (1994). *Cartas de amor*.
Organização, posfácio e notas
de David Mourão-Ferreira;
preâmbulo e estabelecimento
do texto de Maria da Graça Queiroz.
Lisboa: Ática. 3ª ed.

____ (1983). *Cartas de amor*.
Organização, posfácio e notas de
David Mourão-Ferreira; preâmbulo
e estabelecimento do texto de Maria
da Graça Queiroz. Lisboa: Ática. 2ª ed.

____ (1978). *Cartas de amor*.
Organização, posfácio e notas de
David Mourão-Ferreira; preâmbulo
e estabelecimento do texto de Maria
da Graça Queiroz. Lisboa: Ática.
1ª ed. [Primeira publicação do
"Relato da ex.ᵐᵃ senhora dona Ophélia
Queiroz, destinatária destas cartas
de Fernando Pessoa, recolhido e
estruturado por sua sobrinha-neta,
Maria da Graça Queiroz".]

____ (1967). *Páginas de estética e de
crítica e de teoria literárias*. Textos
estabelecidos e prefaciados por Georg
Rudolf Lind e Jacinto do Prado Coelho;
tradução dos textos ingleses por Jorge
Rosa. Lisboa: Ática.

____ (1966). *Páginas íntimas e de auto-
-interpretação*. Textos estabelecidos e
prefaciados por Georg Rudolf Lind
e Jacinto do Prado Coelho; tradução
dos textos ingleses por Jorge Rosa.
Lisboa: Ática.

____ (1934). *Mensagem*. Lisboa:
Parceria António Maria Pereira.

Pessoa, Fernando; Queiroz, Ofélia (2013).
*Correspondência amorosa completa 1919-
-1935*. Organização de Richard Zenith.
Rio de Janeiro: Capivara.

____ (2012). *Cartas de amor de Fernando
Pessoa e Ofélia Queiroz*. Edição de
Manuela Parreira da Silva. Lisboa:
Assírio & Alvim.

Pittella, Carlos; Pizarro, Jerónimo (2017).
*Como Fernando Pessoa pode mudar
a sua vida: Primeiras lições*. Lisboa:
Tinta-da-china.

[Ed. bras.: (2016). *Como Fernando Pessoa
pode mudar a sua vida*. Rio de Janeiro:
Tinta-da-China Brasil.]

Pizarro, Jerónimo (2012). *Pessoa existe?* Lisboa: Ática [Babel].

Pizarro, Jerónimo; Ferrari, Patricio; Cardiello, Antonio (2013). "Fernando Pessoa e Ofélia Queiroz: Objectos de amor". *Pessoa Plural: A Journal of Fernando Pessoa Studies*, nº 4, outono, pp. 152-195. DOI: https://doi.org/10.7301/Z0K35S4K.

_____ (2013b). *Os objectos de Fernando Pessoa*. Edição bilingue. Lisboa: Dom Quixote, vol. II do acervo da Casa Fernando Pessoa.

_____ (2010). *A biblioteca particular de Fernando Pessoa*. Edição bilingue. Lisboa: Dom Quixote, vol. I do acervo da Casa Fernando Pessoa.

Queiroz, Carlos (2011). *Fernando Pessoa, o poeta e os seus fantasmas (uma conferência e outros documentos inéditos)*. Edição de Maria Bochicchio. Lisboa: Ática [Babel]. Inclui fac-símiles.

_____ (1936). "Fragmentos de algumas cartas de amor de Fernando Pessoa" e "Carta à memória de Fernando Pessoa". *Presença*, nº 48, julho, Coimbra, pp. 2-3 e 9-11.

Queiroz, Maria da Graça (1985). "Ophelia Queiroz: O mistério duma pessoa". *JL: Jornal de Letras, Artes e Ideias*, nº 175, 12-18 de novembro, Lisboa, p. 4.

Queiroz, Ofélia (2013). "O Fernando e eu". *Fernando Pessoa & Ofélia Queiroz: Correspondência amorosa completa 1919--1935*. Organização de Richard Zenith. Rio de Janeiro: Capivara, pp. 15-25.

_____ (1996). *Cartas de amor de Ofélia a Fernando Pessoa*. Organização de Manuela Nogueira e Maria da Conceição Azevedo. Lisboa: Assírio & Alvim.

Reis, Luís da Câmara (1939). "Boletim". *Seara Nova: Revista de Doutrina e Crítica*, publicação semanal, nº 617, sábado 10 de junho, p. 333. https://pt.revistasdeideias.net/pt-pt/seara-nova/in-issue/iss_000000l013/13#.

Seabra, José Augusto Seabra (1979). "Amor e fingimento". *Persona*, nº 3, Porto, Centro de Estudos Pessoanos, julho, pp. 77-85. Incluído em *O heterotexto pessoano*. Lisboa: Dinalivro, 1985, pp. 61-76.

Severino, Alexandrino E.; Jennings, Hubert D. (2013). "In Praise of Ophelia: An Interpretation of Pessoa's Only Love". *Pessoa Plural: A Journal of Fernando Pessoa Studies*, nº 4, outono, pp. 1-30. DOI: https://doi.org/10.7301/Z0G73C66.

Silva, Manuela Parreira da (2004). *Realidade e ficção: Para uma biografia epistolar de Fernando Pessoa*. Lisboa: Assírio & Alvim.

Simões, João Gaspar (1950). *Vida e obra de Fernando Pessoa: História duma geração*. Lisboa: Livraria Bertrand.

Sousa, João Rui de (2010). *Fernando Pessoa, empregado de escritório*. Lisboa: Assírio & Alvim, 2ª ed., revista e aumentada.

Sousa, Rui; Pizarro, Jerónimo; Fernandes, Manuel P. (2022). "O espólio infinito: Sobre as novas aquisições, 390 a 829". *Pessoa Plural: A Journal of Fernando Pessoa Studies*, nº 21, primavera, pp. 239-471. Brown Digital Repository. Brown University Library. https://doi.org/10.26300/zg56-re52.

Tabucchi, Antonio (1984). "Um Fausto mangas-de-alpaca: As *Cartas de amor* de Pessoa". *Pessoana mínima*. Lisboa: Imprensa Nacional-Casa da Moeda, pp. 51-59.

Zenith, Richard (2022). *Pessoa: Uma biografia*. Tradução de Salvato Teles de Menezes e Vasco Teles de Menezes. Lisboa: Quetzal.

[Ed. bras.: (2022). *Pessoa: Uma biografia*. Tradução de Pedro Maia Soares. São Paulo: Companhia das Letras.]

NOTAS BIOGRÁFICAS

O AUTOR

Fernando Pessoa (1888-1935) é hoje o principal elo literário de Portugal com o mundo. A sua obra em verso e em prosa é a mais plural que se possa imaginar, pois tem múltiplas facetas, materializa inúmeros interesses e representa um autêntico património coletivo: do autor, das diversas figuras autorais inventadas por ele e dos leitores. Algumas dessas personagens, Alberto Caeiro, Ricardo Reis e Álvaro de Campos, Pessoa denominou "heterónimos", reservando a designação de "ortónimo" para si próprio. Diretor e colaborador de várias revistas literárias, autor do *Livro do desassossego* e, no dia a dia, "correspondente estrangeiro em casas comerciais", Pessoa deixou uma obra universal em três línguas que continua a ser editada e estudada desde que escreveu, antes de morrer, em Lisboa, "I know not what to-morrow will bring" [Não sei o que o amanhã trará].

O EDITOR

Professor, tradutor, crítico e editor, Jerónimo Pizarro é o responsável pela maior parte das novas edições e novas séries de textos de Fernando Pessoa publicadas em Portugal desde 2006. Professor da Universidade dos Andes, titular da Cátedra de Estudos Portugueses do Instituto Camões na Colômbia e Prémio Eduardo Lourenço (2013), Pizarro voltou a abrir as arcas pessoanas e redescobriu a "biblioteca particular de Fernando Pessoa", para utilizar o título de um dos livros da sua bibliografia. Foi o comissário da visita de Portugal à Feira Internacional do livro de Bogotá (FILBO) e à Festa do Livro e da Cultura de Medellín, e coordena há vários anos a visita de escritores de língua portuguesa à Colômbia. Coeditor da revista Pessoa Plural, assíduo organizador de colóquios e exposições, dirige atualmente a Coleção Pessoa na Tinta-da-China.

© Jerónimo Pizarro, 2025

Esta edição segue o Novo Acordo Ortográfico
da Língua Portuguesa em sua variante europeia

1ª edição: abril de 2025, 2 mil exemplares

EDIÇÃO Jerónimo Pizarro
REVISÃO Mariana Félix · Karina Okamoto · Tamara Sender
COMPOSIÇÃO Isadora Bertholdo · Denise Matsumoto
CAPA Vera Tavares

TINTA-DA-CHINA BRASIL
DIREÇÃO GERAL Paulo Werneck · Victor Feffer (assistente)
DIREÇÃO DE MARKETING E NEGÓCIOS Cléia Magalhães
EDITORA EXECUTIVA Sofia Mariutti
ASSISTENTE EDITORIAL Sophia Ferreira
COORDENADORA DE ARTE Isadora Bertholdo
DESIGN Giovanna Farah · Beatriz F. Mello (assistente)
        Sofia Caruso (estagiária)
COMUNICAÇÃO Clarissa Bongiovanni · Yolanda Frutuoso
        Livia Magalhães (assistente)
COMERCIAL Lais Silvestre · Leandro Valente (assistente)
ADMINISTRATIVO Karen Garcia · Joyce Bezerra (assistente)
        Letícia Lofiego (estagiária)
ATENDIMENTO Victoria Storace

Todos os direitos desta edição reservados à Tinta-da-China Brasil/
Associação Quatro Cinco Um

Largo do Arouche, 161, SL2 República · São Paulo · SP · Brasil
editora@tintadachina.com.br · tintadachina.com.br

DADOS INTERNACIONAIS DE CATALOGAÇÃO NA PUBLICAÇÃO (CIP)
DE ACORDO COM ISBD

P475c   Pessoa, Fernando
Cartas de amor / Fernando Pessoa ; organizado por Jerónimo
Pizarro. - São Paulo : Tinta-da-China Brasil, 2025.
208 p. : il. ; 13cm x 18,5cm.

Inclui bibliografia, índice e anexo.
ISBN 978-65-84835-40-5

1. Literatura Portuguesa. 2. Fernando Pessoa. 3. Cartas.
4. Correspondências. 5. Jerónimo Pizarro. I. Titulo.

2025-707

CDD 869
CDU 821.134.3

Elaborado por Odilio Hilario Moreira Junior - CRB-8/9949

ÍNDICE PARA CATÁLOGO SISTEMÁTICO
1. Literatura Portuguesa 869
2. Literatura Portuguesa 821.134.3

A PRIMEIRA EDIÇÃO DESTE LIVRO FOI APOIADA PELA
DIREÇÃO-GERAL DO LIVRO E DAS BIBLIOTECAS — DGLAB
SECRETARIA DE ESTADO DA CULTURA — PORTUGAL

CARTAS DE AMOR
FOI COMPOSTO EM FILOSOFIA E VERLAG,
IMPRESSO EM PAPEL GOLDEN 78G,
NA IPSIS, EM MARÇO DE 2025.